吉林财经大学资助出版

开放存取期刊
学术影响力研究

周金娉 著

中国社会科学出版社

图书在版编目（CIP）数据

开放存取期刊学术影响力研究/周金娉著. —北京：中国社会科学出版社，2018.10
ISBN 978 - 7 - 5203 - 3757 - 1

Ⅰ.①开… Ⅱ.①周… Ⅲ.①学术期刊—期刊工作—研究 Ⅳ.①G237.5

中国版本图书馆 CIP 数据核字（2018）第 279250 号

出 版 人	赵剑英
责任编辑	卢小生
责任校对	周晓东
责任印制	王 超
出　　版	中国社会科学出版社
社　　址	北京鼓楼西大街甲 158 号
邮　　编	100720
网　　址	http://www.csspw.cn
发 行 部	010 - 84083685
门 市 部	010 - 84029450
经　　销	新华书店及其他书店
印　　刷	北京明恒达印务有限公司
装　　订	廊坊市广阳区广增装订厂
版　　次	2018 年 10 月第 1 版
印　　次	2018 年 10 月第 1 次印刷
开　　本	710×1000　1/16
印　　张	11
插　　页	2
字　　数	164 千字
定　　价	50.00 元

凡购买中国社会科学出版社图书，如有质量问题请与本社营销中心联系调换
电话：010 - 84083683
版权所有　侵权必究

前　言

随着网络环境的日益发展与科学技术的飞速发展，信息技术全面地渗透到学术交流与共享的全过程，触发了学术交流价值，催生了科研成果。在"学术期刊危机"的孕育下，开放存取模式作为一种新型的出版机制和学术信息共享的自由理念应运而生。开放存取运动的发起，使无障碍的国际化学术交流与学术分享成为可能，而开放存取期刊作为重要的学术交流途径，打破了商业出版机构对知识进行垄断的局面，促进了全球知识的更新发展与广泛传播。

近年来，开放存取以自存档和开放存取期刊等途径，通过网络高质、高效地向公众提供学术信息的发表，使任何人在任何时间都能不受任何权限地免费访问学术成果，作为科学知识传播的新通道，开放存取开始被学者接受并认同。与传统出版模式相比，开放存取模式促进了学术交流的广泛传播与发展，解决了学术期刊出版周期长、出版流程缓慢的问题，也消除了科技期刊高昂的订阅费用所导致的经济障碍，使学术论文的版权回归到作者手中，并有利于编辑、作者、读者与评审者之间的互动，还能有效地遏制学术腐败，同时满足了科研人员对于学术信息的即时性、高效性和多元性的需求。为促进全球学术资源的共享传播，各界人士掀起了关于开放存取的课题研究。

开放存取科技论文是研究成果的主要体现，直接反映了一个国家在某一方向、某一时期的发展状况和学术水平。为集中体现我国科技基础研究与创新应用成果，促进科研人员之间正式、有效、及时、公开的学术交流，扩大我国科技资源在国际话语权上的影响，那么，如何提高我国开放存取期刊学术质量与影响力至关重要。为此，本书在理论与实践相结合的基础上，选择以"探索开放存取期刊学术影响力的影响因素与提升途径"为题，在微观上，帮助人们正确认识开放存取的价值和生存能力，为研究者评价开放存取期刊的等级奠定基础；在宏观上，找出影响我国开放存取期刊发展和影响力的因素，为开放存取期刊的宏观管理提供客观依据，从而促进我国开放存取工作更好更快地发展，将会对推动国际学术资源的交流与共享产生重大影响。

本书运用定性与定量相结合的方法，通过大量文献调研，分析开放存取期刊的组成要素及属性特征，根据已有相关研究对开放存取期刊学术影响力的相关因素进行分析和甄选，构建开放存取期刊学术影响力的概念模型。综合运用文献调查法、因子分析法，利用Amos和SPSS软件处理所采集的数据，通过运用结构方程方法进行拟合验证，从模型的各个层面对国内外开放存取期刊进行了对比分析。本书的难点在于全面而系统地分析开放存取期刊学术影响力相关因素，深入的模式分析及科学的模型设计，以及针对相关因素的复杂性，多渠道获取各个层面的数据，并对每个数据项进行精准的测度。

本书研究的内容主要分为五大部分，包括理论研究、因素分析、实证研究、模式构建与对策研究，以理论研究及框架的梳理、关键影响因素的分析和实证研究过程的检验为研究重点。本书全面而系统地分析开放存取期刊学术影响力关键因素，深入的模式分析及科学的模型设计；针对相关因素的复杂性，多渠道获取各层指标的数据，并对每个数据项都要进行精准的测度。其中，第一部分理论研究主要研究了开放存取期刊学术影响力的内涵、特征、构成要素、评测方法，以及对开放存取期刊学术影响力相关理论探索。第二部分因素分析主要依据开放存取期刊特征与学术影响力构成要素，分析各组成要素的影响因素，分析关键影响因素间作用机理。第三部分实证研究主要是对开放存取期刊学术影响力的关键影响因素之间的作用机理进行实证检验,分析实证研究结果。第四部分模式构建主要依据前文理论分析与实证研究得出的结论,构建科学的、系统的开放存取期刊学术影响力逻辑模型,并构建开放存取期刊学术影响力评价指标体系。第五部分实施对策主要依据前文的研究,探讨开放存取期刊在实际发展过程中提高学术影响力应当采取的途径与对策。

研究得出的主要结论包括:

第一,通过对国内外关于开放存取学术资源的理论研究与框架的梳理,发现我国关于开放存取资源的研究停留在较浅的理论层面上,缺乏有突破性的成果,不利于探索开放存取资源影响力的关键要素所在,难以促进我国开放存取学术资源的快速发展。

第二,通过系统分析开放存取期刊学术影响力的作用机理,分析影响开放存取期刊学术影响力的主要因素有开放存取期刊作者影响力、开放存取期刊读者影响力、开放存取期刊机构影响力、开放存取期刊网站影响力、开放存取期刊影响力、开放存取期刊论文影响力及开放存取期刊网络影响力。相关学者曾以调查问卷的方式,调查了影响科研人员在开放存取期刊上发表文章的因素,结论与本书研究的结果大致相似,说明本书研究的因素具有一定的代表性。

第三,通过运用结构方程方法对开放存取期刊学术影响力的概念模型进行拟合验证,提出研究假设均成立,从而构建了以学术交流过程为理论支撑的开放存取期刊学术影响力逻辑模型。

第四,通过对比国内外几种典型开放存取期刊的学术影响力,发现我国开放存取期刊学术影响力在开放存取期刊作者合作度、开放存取期刊机构声望、开放存取期刊编委构成、开放存取论文图表数量及开放存取期刊网络链接等方面与国外的差异较大,因此,我国应借鉴国外成熟的发展经验,调整开放存取政策,普及开放存取理念,明确知识产权保护机制,改革现行出版体制,重视开放存取实践,完善网络基础设施,提高开放存取基金支持,从而不断地提升我国开放存取资源的学术影响力与资源价值。

总之，目前，国内外学者关于开放存取期刊学术影响力的研究仍处于探索阶段，理论方法与评价体系还不完善，基础理论与实践发展还有待于进行深入系统的研究。本书在开放存取期刊学术影响力的基本理论、影响因素、模式构建与提升对策等方面进行了初步的探索，希望能够加速我国开放存取事业的发展，推进我国开放存取期刊的实践，为全面提升我国开放存取期刊质量与学术影响力做出一份贡献。

目　　录

第一章　绪论 …………………………………………………… 1

第一节　研究背景 …………………………………………… 1
一　"学术期刊危机"孕育开放存取运动 ………………… 1
二　科学技术发展催生新兴出版模式 …………………… 2
三　学术交流价值催生科研成果共享 …………………… 3
四　科技大国欲"弯道超车"成为科技强国 ……………… 3

第二节　研究意义 …………………………………………… 4
一　理论意义 ……………………………………………… 4
二　实践意义 ……………………………………………… 4

第三节　研究内容 …………………………………………… 5

第四节　研究方法 …………………………………………… 6
一　文献研究法 …………………………………………… 6
二　对比分析法 …………………………………………… 6
三　专家调查法 …………………………………………… 6
四　实证研究法 …………………………………………… 7

第五节　技术路线 …………………………………………… 7

第二章　研究综述 ……………………………………………… 8

第一节　开放存取期刊 ……………………………………… 8
一　开放存取出版模式述评研究 ………………………… 8
二　开放存取期刊发展中存在的问题 …………………… 10

三　开放存取期刊产生的影响 …………………………… 13
第二节　国外开放存取期刊学术影响力 ……………………………… 17
　　　一　开放存取期刊引文计量 …………………………………… 17
　　　二　开放存取期刊综合质量 …………………………………… 24
　　　三　开放存取期刊接纳认知 …………………………………… 25
第三节　国内开放存取期刊学术影响力 ……………………………… 33
　　　一　开放存取期刊质量评价 …………………………………… 34
　　　二　开放存取期刊学术影响力 ………………………………… 36
第四节　国内外开放存取期刊学术影响力研究评述 ………………… 41
　　　一　国外开放存取期刊学术影响力相关研究的
　　　　　主要成果 …………………………………………………… 41
　　　二　国外开放存取期刊学术影响力相关研究的
　　　　　存在问题 …………………………………………………… 42
　　　三　国内开放存取期刊学术影响力相关研究的
　　　　　存在问题 …………………………………………………… 43

第三章　开放存取期刊学术影响力相关理论研究 …………… 44

第一节　开放存取期刊学术影响力基本理论 ………………………… 44
　　　一　开放存取 …………………………………………………… 44
　　　二　开放存取期刊 ……………………………………………… 48
　　　三　学术影响力 ………………………………………………… 51
　　　四　开放存取期刊学术影响力 ………………………………… 52
第二节　开放存取期刊学术影响力理论基础 ………………………… 53
　　　一　学术交流过程模型 ………………………………………… 53
　　　二　开放存取期刊学术交流过程模型 ………………………… 56
　　　三　基于引文理论的开放存取期刊学术影响力分析 ……… 57
　　　四　基于创新扩散理论的开放存取期刊学术影响力
　　　　　分析 ………………………………………………………… 59
　　　五　基于网络信息计量理论的开放存取期刊学术

　　　　　影响力分析 ································· 60

第四章　开放存取期刊学术影响力理论模型构建 ················ 63

　第一节　开放存取期刊学术影响力关键影响因素分析 ········ 63

　　一　开放存取期刊作者影响力 ························· 64
　　二　开放存取期刊读者影响力 ························· 66
　　三　开放存取期刊自身影响力 ························· 68
　　四　开放存取期刊论文影响力 ························· 72
　　五　开放存取期刊机构影响力 ························· 76
　　六　开放存取期刊网站影响力 ························· 77
　　七　开放存取期刊网络影响力 ························· 79

　第二节　开放存取期刊各种影响力对学术影响力作用关系
　　　　　分析 ·· 81

　　一　开放存取期刊作者影响力对学术影响力的作用 ······ 82
　　二　开放存取期刊学者影响力对学术影响力的作用 ······ 82
　　三　开放存取期刊机构影响力对学术影响力的作用 ······ 83
　　四　开放存取期刊网站影响力对学术影响力的作用 ······ 84
　　五　开放存取期刊自身影响力对学术影响力的作用 ······ 84
　　六　开放存取期刊论文影响力对学术影响力的作用 ······ 85
　　七　开放存取期刊网络影响力对学术影响力的作用 ······ 86

　第三节　开放存取期刊学术影响力理论模型 ················ 87

第五章　开放存取期刊学术影响力实证研究 ··················· 90

　第一节　方案设计 ······································· 90

　　一　实证分析模型的构架 ····························· 90
　　二　实证研究方法论述 ······························· 91
　　三　变量的可操作性定义 ····························· 93
　　四　数据的收集与衡量 ······························· 93

　第二节　数据分析 ······································· 98

一　信度检验 ………………………………………… 99
　　　二　效度分析 ………………………………………… 102
　　第三节　实证分析整体模型的拟合检验 ………………… 108
　　　一　实证分析模型的适配度检验 …………………… 108
　　　二　假设关系的检验 ………………………………… 112
　　第四节　研究结果分析 …………………………………… 115
　　第五节　实证研究结论 …………………………………… 116

第六章　开放存取期刊学术影响力评价研究 ………………… 118
　　第一节　评价指标体系构建 ……………………………… 118
　　　一　指标体系构建目标 ……………………………… 118
　　　二　指标体系构建原则 ……………………………… 119
　　　三　评价指标体系构建 ……………………………… 121
　　第二节　评价方法 ………………………………………… 121
　　　一　层次分析法 ……………………………………… 122
　　　二　综合指数法 ……………………………………… 122
　　第三节　国内外典型开放存取期刊学术影响力评价研究 … 123
　　　一　评价样本选取 …………………………………… 123
　　　二　指标权重确定 …………………………………… 124
　　　三　应用评价研究 …………………………………… 127
　　　四　国内外典型开放存取期刊学术影响力评价结果
　　　　　对比分析 ………………………………………… 128

第七章　开放存取期刊学术影响力提升对策研究 …………… 131
　　第一节　我国开放存取期刊学术影响力发展"瓶颈" …… 131
　　　一　开放存取期刊数量问题 ………………………… 131
　　　二　评价机制导向问题 ……………………………… 131
　　　三　开放存取期刊体制原因 ………………………… 132
　　　四　开放存取期刊出版问题 ………………………… 132

五　国际语言问题 ·· 132
　　六　学科分布问题 ·· 132
　　七　作者合作度问题 ·· 132
　　八　网站体系设计问题 ·· 132
　　九　质量控制问题 ·· 133
　　十　服务功能问题 ·· 133
　　十一　基金资助问题 ·· 133
　　十二　编委构成问题 ·· 133
　　十三　地域差异问题 ·· 133
　　十四　被收录的权威数据库数量问题 ······························ 134
　　十五　版权问题 ·· 134
　　十六　国家政策问题 ·· 134
第二节　我国开放存取期刊学术影响力提升途径 ························ 134
　　一　提升开放存取期刊作者影响力 ································ 135
　　二　提升开放存取期刊机构影响力 ································ 135
　　三　提升开放存取期刊网站影响力 ································ 136
　　四　提升开放存取期刊读者影响力 ································ 137
　　五　提升开放存取期刊论文影响力 ································ 137
　　六　提升开放存取期刊自身影响力 ································ 138
　　七　提升开放存取期刊网络影响力 ································ 139
　　八　制定宏观国家开放存取政策 ·································· 139
　　九　保障开放存取各方权益 ······································ 140
第三节　我国开放存取期刊发展与学术影响力提升对策 ·················· 140
　　一　制定开放存取资源发展政策，明确知识产权
　　　　保护机制 ·· 141
　　二　普及开放存取理念，提高学术共享认知 ························ 141
　　三　改革我国现有出版机制，调整开放存取出版
　　　　模式 ·· 142
　　四　以数字科技为基础，完善我国网络基础设施

    建设 …………………………………………………… 142
  五 多途径提供开放存取资金，多渠道保障开放
    存取经费 ………………………………………… 143

第八章 研究结论与展望 …………………………………… 144

 第一节 研究结论 ………………………………………… 144
 第二节 研究展望 ………………………………………… 145

参考文献 ……………………………………………………… 147

后　记 ………………………………………………………… 164

第一章 绪论

第一节 研究背景

一 "学术期刊危机"孕育开放存取运动

学术期刊在学术交流中扮演着重要角色,在近300年的时间里负责传播学术研究成果。20世纪70年代以来,由于出版商为了谋求营利性商业出版的利润最大化,不断大幅度地提高学术期刊的定价,导致维持出版商与图书馆共生关系的出版市场开始动摇,并出现了所谓的"学术期刊危机"。20世纪80年代,全球出版的期刊种类增加了1倍,而研究单位和图书馆订阅的期刊却平均减少了6%。参与学术出版的商业机构,通过兼并和购买等行为,垄断了学术期刊出版市场,通过一纸协议将文章的著作权拿到手中,凭此通过逐年提高学术期刊的定价来获取高额利润。学术期刊费用的快速增长从根本上推动了开放存取运动,由于期刊订阅价格要比图书馆预算及通货膨胀率增长得更加快速,导致了期刊订阅数量的大幅度减少。在过去的几十年里,费用以远高于通货膨胀率上升。图书馆研究协会(Association of Research Libraries)的数据显示,在1986—2003年的17年间,美国期刊通货膨胀率增长68%,图书馆材料预算增长128%,而期刊费用增长215%。Blackwell期刊价格指数显示,1990—2000年,社会人文科学领域的学术期刊的涨幅高达185.9%,而科技和医学领域的学术期刊的涨幅则分别高达178.3%

和184.3%。显然，图书馆资金的不足与期刊价格的不断上涨，使传统的学术出版模式不能有效地服务于学术交流和学术传播。

在订阅期刊的"统治"之下，期刊危机限制了重点读者阅读期刊的机会，剥夺了学者对最新研究成果的获得权，阻碍了国家科技创新发展的驱动力。由此，上涨的期刊价格，导致图书馆不得不取消重要的期刊来减少阅读权限，而与此同时，新技术使学术出版传播成为可能，只要使用计算机和互联网连接，就能在任何地方即时访问成果。为解决这一问题，构建一个真正服务于科学研究的学术交流系统，开放存取（Open Access）运动以全新的数字技术和网络化的通信技术为支撑，于20世纪90年代末在国际学术界、出版界和图书情报界兴起。开放存取学术交流模式使任何人都可以即时、免费、不受任何限制地通过互联网获取各类文献。

二 科学技术发展催生新兴出版模式

20世纪90年代中期，伴随着网络环境的日益发达与科学技术的飞速发展，开放存取作为一种新型的出版机制和学术信息共享的自由理念应运而生。基于网络模式的学术交流在飞速发展，博林（Bohlin）认为："计算机网络在过去的数十年里，在全球大部分逐渐蔓延，在学术交流上也呈现不同用途。"他提出，网络计算机的引入激发了彻底的变革。赫德（Hurd）曾提到："互联网和万维网产物的出现为科研人员试图促进学术成果的分享找到了更好的出路，它们的发展都给科研交流系统带来了更广阔但也伴随着较混乱的影响。"Wang概述了电子出版的历史，指出在20世纪80年代中期，由于个人电脑新兴的功能和实用性，人工智能、软件包及其他创新，使宽泛而多样的电子出版和网络迅速成长。互联网的到来使研究成果以全新的方式被分享成为可能。相对于传统的印本期刊需要编辑、印刷和发行等复杂程序，这种以坚实的网络技术、计算机技术与数据库技术为基础的新兴出版模式，提供在线全文的电子期刊可以在极短的时间内迅速扩散，加快了学术交流的速度与广度，促使网络出版日趋成熟，并降低了学术期刊发行与传播的成本。通过互联网快捷的信息交流、编辑出版全程网络化及个性化多功能服务，实现作者、读者和评审者的三位一体化，更能满足人们进行学术传播与交流的需要。因此，电子预印本和网络期刊开始成为学术交流的重要媒介。

三 学术交流价值催生科研成果共享

开放存取学术期刊是最为重要的学术交流途径，打破了商业出版机构对知识进行垄断的局面，极大地促进了开放存取资源的共享与学术资源的传播。早期的自由扩散科学成果运动较早地提出了具有开放存取意向的倡议，它要求对于科学文献，要减少版权条约中的限制条款，反对将作品复制权从作者手中转移给出版商。自此开放存取的重要意义、内涵和组织形式逐渐为人们所认识，通过一系列倡议开放存取的宣言，并资助了一批建设项目。研究人员发表学术成果不是为了经济利益，而是希望通过研究成果的广泛传播来实现自己价值，从而提高同行对自己学术能力的认可及自己在某领域中的学术地位，同时也希望能够便捷地免费获取到同领域科研人员比较前沿的科技成果。这种非营利的学术交流动机和利用需求成为推动开放存取的产生和发展的动力。开放存取期刊为科研成果交流突破了时间的限制，开辟了一条快速通道，从而有利于科研人员之间的学术交流与共享，提高了科学研究成果的产出率，缩小了数字鸿沟，使世界各国的科研人员都能平等、有效地利用人类的科技文化成果。

四 科技大国欲"弯道超车"，成为科技强国

一些发达国家在经历了科技期刊向开放存取模式转型过渡后，学术成果的可见性与学术影响力不断提升。也就是说，开放存取科技期刊对于推动国家科学技术的快速发展，提升我国科技期刊在国际上的竞争力和影响力具有重要的作用。中国工程院院士刘经南表示，数字化和网络化，是我国"弯道超车"、成为科技期刊强国的最好方法之一。在数字化、网络化为代表的信息技术大背景下，带来了科技期刊出版方式的革命性转变，已经成为科技期刊发展的主

流趋势，而我国目前科技期刊数字化程度明显滞后于国际化进程。中国科学协会2011年发布的《科技期刊发展报告》显示，国内学术期刊发展滞后于学科发展，由于我国科研评价体系、期刊出版环节等因素的影响，大量优秀论文流失国外。

因此，如何提高我国开放存取科技期刊的学术质量与学术影响力，成为解决科技期刊边缘化状态的核心问题。顺应世界科技期刊发展的潮流，探索提升我国开放存取期刊国际影响力的途径，实施我国科技期刊国际影响力的提升战略，使我国科技期刊获得与科技发展水平相适应的国际地位还面临着压力与挑战。

第二节　研究意义

开放存取期刊作为学术交流的一种新兴模式，打破了出版商对学术出版的垄断局面，解决了期刊危机问题，加快了科研成果的转化，促进了学术交流与共享，受到了越来越多的研究者青睐。如果能够不断提升开放存取期刊的学术影响力与质量，将会进一步促进学术交流的本质与信息资源的共享，对学术交流系统产生一定的影响，推动全球真正服务于科学研究的学术交流系统的发展。

一　理论意义

从理论上说，开放存取期刊具有以下三个方面的意义：一是界定开放存取期刊学术影响力相关概念，提升对开放存取期刊的认知；二是梳理国内外开放存取期刊学术影响力相关研究，提出理论研究基础；三是分析开放存取期刊学术影响力的关键影响因素，支撑开放存取期刊学术影响力的模型构建。

二　实践意义

从实践来看，开放存取期刊具有以下三个方面的意义：一是实证检验开放存取期刊学术影响力的概念模型，探索关键影响因素对学术影响力的作用关系，科学构建开放存取期刊学术影响力逻辑模型；二是构建系统的开放存取期刊学术影响力评价指标体系，通过相关应用研究，为研究人员确定开放存取期刊的评价等级奠定基础；三是对比分析国内外典型开放存取期刊学术影响力，发现我国学术期刊影响力的制约"瓶颈"，提出相应的存取开放途径与对策，推动我国学术交流系统的不断发展。

本书所探索的这些问题丰富了开放存取期刊学术影响力的相应研究，完善了开放存取期刊学术影响力的理论内涵，拓展了开放存取模式下科技期刊学术影响力评价外延，为提升我国开放存取期刊学术影响力提供了新的理论支持和解决方案，有助于我国开放存取事业在学术交流网络环境下的深入开展，从而促进科研人员之间正式、有效、及时、公开的学术交流，扩大我国科技资源在国际上的影响。因此，对情报学、图书馆学、管理学、网络信息学等具有重要理论意义。

第三节　研究内容

本书研究的内容主要分为理论研究、因素分析、实证研究、模式构建与对策研究五大部分。以理论研究及框架的梳理、关键影响因素的分析和实证研究过程的检验为研究重点。全面系统地分析开放存取期刊学术影响力关键因素，深入的模式分析及科学的模型设计；针对相关因素的复杂性，多渠道获取各层指标的数据，并对每个数据项都要进行精准的测度。

第一部分理论研究主要研究了开放存取期刊学术影响力的内涵、特征、构成要素、评测方法，以及对开放存取期刊学术影响力相关理论探索。

第二部分因素分析主要依据开放存取期刊特征与学术影响力构成要素，分析各组成要素的影响因素，分析关键影响因素之间的作用机理。

第三部分实证研究主要是对开放存取期刊学术影响力的关键影响因素之间的作用机理进行实证检验，分析实证研究结果。

第四部分模式构建主要依据前文理论分析与实证研究得出的结论，构建科学、系统的开放存取期刊学术影响力模型。

第五部分实施对策主要依据前文研究，以及国内外开放存取期刊的对比分析，探讨提升我国开放存取期刊学术影响力的途径与对策。

第四节　研究方法

基于本书研究的主要目标，本书将结合定性分析与定量统计，通过理论知识与实践行为相结合研究方法，为本书提供支撑。本书所采用的研究方法主要有以下四个方面：

一　文献研究法

为了保证开放存取期刊学术影响力研究的全面性与系统性，本书查阅了大量的开放存取期刊与开放存取期刊学术影响力相关资料，对中英文文献和相关理论进行了总结，科学、合理地利用已有研究成果，分析开放存取期刊学术影响力内涵并界定相关概念。

二　对比分析法

在研究过程中，分析比较各学者对于开放存取期刊学术影响力的研究成果，结合客观的理论知识与自己的认知，对收集到的大量资料进行分析、综合、比较、归纳，明确了开放存取期刊学术影响力与各关键影响因素之间的关系，制定了系统的开放存取期刊学术影响力测量量表，为后续实证研究做好理论基础。

三　专家调查法

本书在关于开放存取期刊学术影响力评价研究中，指标体系的权重是通过问卷调查法获得的。确定研究的样本之后，设计问卷结构，以网络邮件的形式发放给信息学科领域及编辑部人员，并对回收的数据进行整理、统计及分析。利用专家的观点和意见，改进和完善具体提升开放存取期刊学术影响力的对策。

四　实证研究法

通过 SPSS 软件对计算机与人工方式相结合所采集的数据进行处理，采用因子分析方法，检验收集数据的信度与效度；利用 Amos 软件，通过运用结构方程方法对开放存取期刊学术影响力理论模型进行拟合验证，从模型各个层面对国内外开放存取期刊学术影响力进行对比分析，并依据所得统计数据模型进行修正。

第五节　技术路线

本书的研究思路与技术路线如图 1-1 所示。

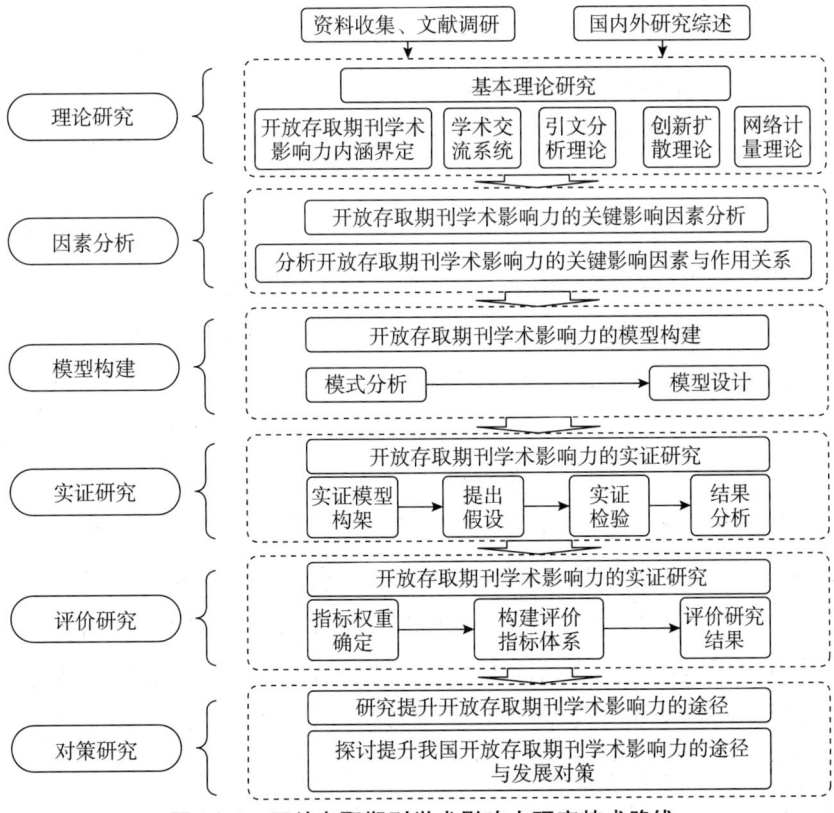

图 1-1　开放存取期刊学术影响力研究技术路线

第二章 研究综述

第一节 开放存取期刊

一 开放存取出版模式述评研究

我国学者对开放存取（Open Access，OA）的广泛研究始于2004年前后，对开放存取的研究集中在开放存取的定义、起源与发展、特征、实现途径、出版模式以及OA实践等具体内容。例如，乔冬梅在《图书情报工作》2004年第11期上发表的论文《国外学术交流开放存取发展综述》中详细介绍了开放存取的含义、基本特征、开放存取运动发展背景以及传统学术交流过程的变革与信息资源共享的关系。李春旺在《中国图书馆学报》2005年第1期发表的《网络环境下学术信息的开放存取》一文中从内涵与特点、发展背景、实现途径方式、意义、影响与应对策略等方面对我国的OA研究进行了综述。随后，王云才在《图书情报知识》2005年第6期上发表的《国内外"开放存取"研究综述》一文中对国外学术交流开放存取的发展过程，结合已有的研究成果予以梳理，并分析了开放存取对我国学术交流的启示。2006年，肖冬梅在《图书情报工作》发表的《开放存取运动缘何蓬勃兴起》和傅蓉发表在《试析开放存取运动兴起的原因》文章中，都对开放存取运动兴起的原因做了深入的分析。同时，隋秀芝、汪洋、刘海霞等从基础理论、国外参考、模式研究、版权探讨、资源类型及获取方式、发展影响和对策等方面，对国内开放存取的研究成果进行了相应的分析。在 OA 出版模式方面，李武、刘兹恒在《中国图书馆学报》2004 年第 6 期上发表的《一种全新的学术出版模式：开放存取出版模式探析》一文中详细介绍了开放存取的两种出版模式。蒋永福和秦珂分别在《开放存取出版：概念、模式、影响与前景》和《开放存取期刊的出版模式透视》的文章中提出，开放存取是一种新的、高效的交流模式，开放存取出版具有广阔的发展前景。除以上研究外，我国学者还对国外 OA 资源、OA 实践及途径等内容进行了研究。具体研究情况大致如表 2－1 所示。

表 2－1　　　　国内开放存取模式及述评类相关研究

姓名	年份	OA运动	OA发展历程	OA内涵	OA特征	OA作用	OA实践	OA实现途径	OA出版模式	OA国外资源
李　武	2004	√	√	√	√		√		√	
乔冬梅	2004	√	√	√	√			√		
王云才	2005		√	√	√		√	√		√
李春旺	2005	√		√		√		√		
李　武	2005	√	√					√		√
刘廷元	2005		√	√		√		√		
李　麟	2005			√	√			√	√	
钱国富	2005		√	√	√					
李海蓉	2005	√		√	√				√	√
肖冬梅	2006	√	√				√			√
傅　蓉	2006		√	√				√	√	
秦　珂	2006	√							√	
吴漂生	2006		√	√					√	
汪　洋	2006			√	√					
王　静	2006			√	√		√	√		√
刘海霞	2006		√							
马宏伟	2007		√	√		√		√		
张清菊	2007	√					√		√	√

续表

姓名	年份	OA运动	OA发展历程	OA内涵	OA特征	OA作用	OA实践	OA实现途径	OA出版模式	OA国外资源
张旻浩	2007	√	√	√		√		√		
焦 月	2007			√	√					
查丽华	2007			√	√	√		√		
吴巧红	2007		√						√	
蒋永福	2007			√			√		√	√
高冰洁	2008						√	√		
隋秀芝	2008			√		√		√		
邵 晶	2009			√						
陈锐锋	2010			√		√				

从表 2-1 可以看出，当前国内关于开放存取的述评类研究成果，主要集中在 2005—2007 年，文献内容主要分为 OA 运动、OA 发展历程、OA 内涵、OA 特征、OA 作用、OA 实践、OA 实现途径、OA 出版模式，以及国外 OA 资源的概述。在最初的几年里，由于 OA 概念刚刚引入我国，所以，国内学者对 OA 内涵、OA 特征以及 OA 实现途径的研究相对较多，具体情况如图 2-1 所示。

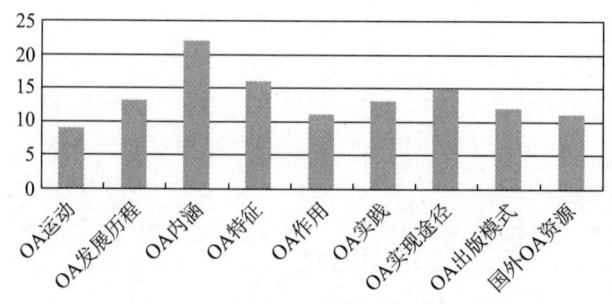

图 2-1　开放存取述评类相关研究分布

二　开放存取期刊发展中存在的问题

关于 OA 期刊发展过程中存在的相关问题及发展对策的研究伴

随着开放存取初始研究至今,从 2005 年和 2006 年的技术问题、传播问题到 2007 年和 2008 年的经费问题、出版商运营问题,再过渡到 2009 年和 2010 年的版权问题、质量控制问题,以及 2011 年至今的认知问题与 OA 期刊发展策略等,并结合我国现有国情进行了详尽的分析与总结。例如,邱燕燕发表在《情报杂志》2006 年第 7 期上的《学术资源开放存取的障碍和对策分析》将学术资源开放存取的障碍总结为商业出版商、政府机构协会、图书馆、作者和用户四个方面。马海群发表于《国家图书馆学刊》2010 年第 2 期上的论文《开放存取期刊中的版权问题分析及解决策略》,从作者、读者和出版商三个角度分析了开放存取期刊中存在的版权问题,进而提出了相应的解决策略。傅蓉在发表于《中国图书馆学报》2006 年第 5 期上的《开放存取期刊的经济机制》一文分析了开放存取经济机制,包括出版费、基金会、研究机构、政府和私人赞助、广告、订购费、服务费、电子商务等几种模式。2006 年,秦珂和郑垦荒也分别在《开放存取出版的若干问题及发展对策分析》和《开放存取面临的主要问题及图书馆的应对策略》文章中分析了开放存取的经费、质量控制、作者付费模式及学术评价等问题。

在 OA 期刊认知研究方面,王应宽发表于《中国科技期刊研究》2008 年第 5 期上的《中国科技界对开放存取期刊认知度与认可度调查分析》与刘建华发表于《中国图书馆学报》2007 年第 2 期上的《国内用户对开放存取的认同度研究》文章,均深入地研究了中国科研工作者对开放存取期刊的认知度与认可度,同时分析了支持开放存取与不支持的具体原因。同时,孔繁军与张建军等对关于开放存取出版模式的认知进行了问卷调查,结果显示,OA 期刊出版模式将是未来期刊出版业一个新的发展方向。关于开放存取发展过程中存在问题的相关研究情况详见表 2 - 2。

综合 OA 期刊在我国发展现状的相关研究总结了 OA 期刊在我国发展过程中遇到的问题,主要包括开放存取技术问题、版权问题、经费来源问题、出版商运营问题、作者支付能力问题、公众认知问

表 2-2　　　　国内开放存取期刊发展问题相关研究

姓名	年份	技术问题	出版商运营问题	版权问题	经费来源问题	作者支付能力问题	公众认知问题	质量控制问题	传播问题	学术评价问题	发展策略
孙红娣	2005	√		√					√		√
孔繁军	2005						√		√		
郑垦荒	2006	√		√	√		√	√	√		√
秦　珂	2006			√	√	√	√		√		
傅　蓉	2006		√		√	√					
邱燕燕	2006	√	√		√			√	√		
段玉思	2007		√	√	√			√			
陈吟月	2007		√							√	
贺晶晶	2007										√
余　望	2007		√	√	√		√	√	√		
刘建华	2007	√				√	√	√		√	
翟建雄	2007								√		
刘　俊	2008			√							
王应宽	2008	√				√	√		√	√	
杨学春	2008			√							
于爱群	2008	√	√	√							√
刘　丹	2009	√							√		
王　静	2009								√		
范贤容	2009										√
田　丽	2009	√	√			√	√	√			
韩红艳	2009			√	√		√	√			
张建军	2010					√		√			
贾巍巍	2010		√	√	√						
马海群	2010			√							√
冯　蓓	2010	√	√				√	√	√	√	√

续表

姓名	年份	技术问题	出版商运营问题	版权问题	经费来源问题	作者支付能力问题	公众认知问题	质量控制问题	传播问题	学术评价问题	发展策略
陈 星	2010			√							√
周安刚	2010			√			√	√		√	√
张 靖	2011		√	√	√						√
刘文勇	2011	√					√				√
万丽娟	2011	√	√								√
张 帆	2011					√	√				√

题、质量控制问题、传播问题、学术评价问题、发展策略等方面。其中，我国学者对于 OA 期刊的版权问题及 OA 期刊未来发展对策的研究较多；其次为 OA 期刊公众认知问题与 OA 期刊质量控制问题等，具体情况如图 2-2 所示。

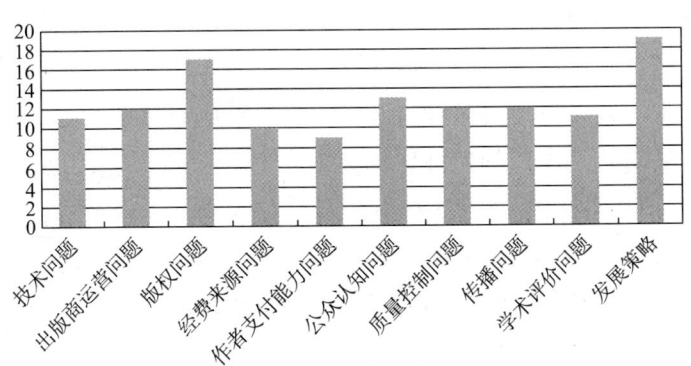

图 2-2 开放存取期刊的存在问题相关研究分布

三 开放存取期刊产生的影响

实施开放存取的最大好处之一，就是使世界经济欠发达地区的科研人员能够更广泛地获取学术研究成果。目前，多数国家仍然以订阅方式作为获取文献的主要途径，这与学术交流中信息通信技术所带来的影响不同。发展中国家的学者由于负担不起昂贵的订阅费用，对很多研究出版物的访问受限，而开放存取期刊的本质正是要打破这种束缚。发展中国家将受益于 OA 期刊双向的学术交流，从而相应地加速科学的发展。Chan 与 Kirsop 在 2001 年的文章中列出了几个 OA 期刊对发展中国家的优势。例如，可以免费获取发达国家的研究信息；发展中国家的研究者可以将自己的论文进行自存档，这样能够更好地展现本地的研究进展与成果；同时，发达国家的科研人员也可以看到发展中国家学者的相关研究成果，促进学者的国际交流。此外，尼古拉斯（Nicholas）等对 Nucleic Acids Research 期刊转型为 OA 模式进行预测，假设学术传递的途径能够深层次地提高，那么主流用户将为第二和第三世界学者。

斯旺和布朗（Swan and Brown）在 2005 年以作者所在地区为基础，分析了 OA 期刊发表的区域分布关系。然而，他们对地域的分析非常有限，来自发展中国家的调查对象数量较少，其中，来自非洲国家的 52 人，来自中国的 39 人，结果导致地域分布的分析没有展现出一个清晰的结果。发展中国家是开放存取优势常提到的受益对象，这种启示的争议源于发展中国家的作者比发达国家的作者更倾向于正向地感知开放存取，这样，才能使他们打破发展中国家学者学术限制的束缚。那么相应地推断，发达国家作者要比发展中国家作者对 OA 期刊感知程度要小，因为发达国家作者在自己的领域里能够获得足够的研究成果，但相关研究显示，结果却恰恰相反。Papin–Ramcharan 和道（Dawe）在 2006 年的研究中，认为出现这种情况的原因可能是发展中国家不能从开放存取优势中全部受益。"尽管发展中国家科研人员对学术文献的免费获取有着显而易见的福利，但对这些科研人员来说还有很多阻碍使他们不能从这些赠与物中全部受益。"例如，发展中国家的作者在技术层面和基础设施受到局限的情况下，限制了研究人员传播和分享研究成果的意愿。因此，OA 期刊出版模式显著影响了发展中国家的学术运动，但发展中国家要达到完全开放存取的局面还面临着许多难题，其中，一些影响发展中国家的细节问题经常被忽略。Kirsop 与 Chan 在 2005年的文章中表示，尽管发展中国家可能在 OA 期刊上发表或引用的文章较少，但是，还要保证更多数量的 OA 期刊继续发展。

自从开放存取的概念引入我国后，给开放存取的参与者带来了不同程度的影响，如我国科研人员、高校、图书馆、资助科研机构、政府、出版商、社会学术团体，以及学术出版与知识交流模式及同行评审制度等。其中，开放存取对科研人员、对高校及对图书馆的影响尤为突出。例如，马景娣在《中国图书馆学报》2005 年第 4 期上发表的文章《学术文献开放访问和图书馆的应对策略》和林敏在《图书情报工作》2005 年第 12 期上发表的文章《试论开放存取对图书馆的影响和对策》都阐述了开放存取运动对图书馆产生的影响，以及图书馆对此应采取的措施。2006 年，李敬平发表的《开放存取运动在国内高校发展的新趋势》和邓颖发表的《高校学报走开放存取出版模式的可行性研究》文章，基于对学术信息共享、开放存取的源起、发展和类型自由理念的探讨，剖析其对高校发展的新趋势，探讨了高校学报将印刷版转变为开放存取出版模式的可行性。李丽等在 2004 年发表的《开放文档先导及其对学术期刊数字化传播方式的影响》一文中研究了开放存取运动对期刊同行评审制度的影响，以及政府在开放存取运动中的角色。曾庆霞在 2012 年发表的《开放存取研究对学术交流系统的影响》文章中分析了新学术交流系统对各要素的影响，指出了研究开放存取对学术交流系统影响的意义。除此之外，刘桂芳 2006 年在其硕士毕业论文《开放存取实现途径及其影响研究》中，详细论述了开放存取对参与者（研究人员、出版商、研究资助机构）的影响以及参与者应采取的应对策略。随后，张小莉在 2008 年其硕士毕业论文《论开放存取及其社会影响》中也全面分析了开放存取的应用对读者、学者、资助机构、学术出版、图书馆、科技传播等社会各方面的影响。具体研究内容分类如表 2-3 所示。

表 2-3　　国内开放存取影响的相关研究

姓名	年份	对研究人员的影响	对高校的影响	对研究资助机构的影响	对出版商的影响	对政府的影响	对社会团体的影响	对学术出版与交流模式的影响	对同行评审制度的影响	对图书馆的影响				
										管理	地位	服务	馆员	经费
李　丽	2004	√	√	√	√			√						
马景娣	2005	√	√				√			√		√	√	
林　敏	2005		√					√						√
刘桂芳	2006	√			√	√						√		√
李敬平	2006		√					√						
邓　颖	2006	√	√			√			√					
张　淼	2006							√						
董文鸳	2006	√		√		√								
赵　禁	2006		√	√										
秦　珂	2006	√												
李　莉	2006		√				√		√					
王志华	2006						√			√	√		√	√
陈代春	2006		√	√										
李春明	2007		√							√				
何　燕	2007		√	√										
唐泽霜	2007	√					√							
蒋　玲	2007				√					√		√		
张小莉	2008	√	√	√	√		√	√						
李红春	2008		√							√		√		√
张艳彩	2008	√		√				√						√
赵研科	2009			√		√			√					
孙希波	2009	√	√		√		√	√						
赖一郎	2010				√			√						
石雪梅	2011	√	√	√		√		√		√				√

　　由此来看，大部分探讨 OA 期刊的引入对我国参与角色影响的相关研究，主要集中在 2006—2008 年，内容主要分为 OA 期刊对科

研人员、高校、出版商、社会团体、图书馆、资助科研机构,以及学术出版与交流模式的影响。其中,开放存取对图书馆的影响较为显著,对图书馆的服务影响与经费影响方面的文献居多。同时,我国学者还对开放存取期刊给高校、学术交流模式及科研人员的影响进行了较多的探索,如图2-3所示。

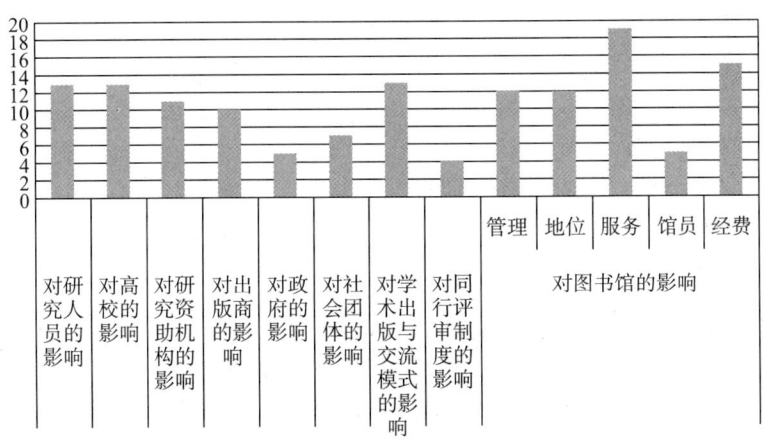

图2-3 开放存取期刊对我国的影响相关研究分布

第二节 国外开放存取期刊学术影响力

本书选择 *Elsevier Science* 电子期刊检索数据库检索国外相关文献进行研究,研究结果显示,国外学者的研究焦点已从争论 OA 期刊出版模式的利与弊,逐渐转移到用具体的实证研究来提升 OA 期刊优势的层面。目前,国外关于开放存取期刊学术影响力的研究主要分布在以下三个方面。

一 开放存取期刊引文计量

学术成果被引用是衡量学术研究的学术影响力和学术价值的重

要依据。引文作为评价学术成果的定量指标，得到学术研究领域中学者的广泛认可。国外学者采用实证研究方法对开放存取的引文优势进行了大量研究，主要贡献者为哈纳德（Harnad），发表不少于66篇相关论文，比较典型的还有学者莫德（Moed），同时布罗迪（Brody）、戴维斯（Davis）、高尔（Gaule）等也都致力于这方面的研究。

（一）各学科领域中开放存取期刊的引文优势研究

劳伦斯（Lawrence）2001年第一次报道了免费获取模式的科技会议论文，所获得的平均引文数量要比印刷版科技会议论文高三倍，但他的研究仅限于计算机科学领域，因此难以推广到所有学科。2004年，哈纳德与布罗迪提供了对这种优势的证实，他们发现，物理学领域中，同一阶段内的相同期刊中，开放存取论文要比非开放存取论文的引文率高2—4倍。这种增加的学术影响力可以使研究者得到研究机构的基金支持，提高学者在学术领域中的知名度，并促进学术交流与学术研究的发展。同年，安特尔曼（Antelman）从哲学、政治学、电子工程学和数学4个领域对SCI收录期刊中影响因子排名前十的期刊中，随机选取了50篇OA论文与50篇非OA论文，进行被引频次的对比分析。结果显示，根据不同学科，OA论文平均引文差异在45%—91%。2004年，在天体物理学领域，施瓦茨（Schwartz）等针对1999年与2002年《天体物理学期刊》（Astrophysical Journal，APJ）上发表的1679篇论文，进行引文研究，其中，OA论文在两年中分别占61%和72%，引文数据来源于天体物理学数据系统（Astro‐Physics Data System，ADS）、美国天文学会（American Astronomical Society，AAS）与arXiv电子预印本服务器（astro‐ph），结果显示，在astro‐ph存档的APJ论文的平均被引次数是未在astro‐ph存档的APJ论文的两倍。2005年，Metcalfe利用施瓦茨的方法，检验了发表在13种天体物理学期刊上的7089篇论文，其中，OA论文为4156篇，占59%，结果表明，在astro‐ph存档的OA论文要比未在astro‐ph存档的论文平均引率高 1.6—3.5 倍。2006 年，针对开放存取期刊《公共科学图书馆——生物学》（PLoS Biology）的一项研究表明，以即时开放存取形式发表在美国国家科学院院刊（Proceedings of the National Academy of Sciences，PNAS）上的论文，要比非 OA 论文被引用的频次大概高出 3 倍，同时也比自存档形式发表在 PNAS 上的论文被引用次数高。这种引文优势随即在天体物理学、物理学、哲学、政治科学、工程学、数学等学科的相关研究论文中得到了验证。

（二）各学科领域间开放存取期刊引文优势的差异对比分析

国外一些学者还基于学科间的差异对开放存取期刊的引文优势进行对比研究。例如，2007 年，汤塔（Tonta）等研究了硬科学（hard science）与软科学（soft science）之间的 OA 论文的引文优势。作者选取了物理、数学、化学工程、经济、生物学、环境科学、社会学、心理学和人类学 9 个代表性学科中的 46 种开放存取期刊，对比不同学科之间 OA 期刊的引文数量。结果显示，硬科学（物理、数学、化学）领域中的 OA 论文要比软科学（社会学、心理学、人类学）领域中的 OA 论文获得更多的引文，由此汤塔提出 OA 期刊的学术影响力在不同学科中存在差异。2008 年，萨菲（Shafi）对 2000—2004 年物理、化学工程、社会学、心理学、经济和环境科学 6 个学科中的 24 种 OA 期刊进行被引用频次的分析，结果显示，自然科学领域的 OA 论文的学术影响力高于社会科学领域，研究结论与汤塔等的研究基本一致。

（三）开放存取期刊引文优势的动因研究

对于开放存取期刊相比传统订阅型期刊的学术影响力更大的观点，目前还比较具有争议性。有学者通过论文下载数量与引文数量来客观地评测科技文献免费获取的影响，如 2007 年，库尔茨（Kurtz）等对 7 种天体物理学核心期刊的论文进行研究，结果显示，没有迹象表明开放存取途径与引文影响相关，并提出 OA 引文优势受自选择偏见（self-selection bias）和早期浏览（early view）优势的强烈影响。2007 年，莫德运用多种分析技术，对 1992—2005 年发表在 6 种物理期刊上的 18757 篇论文进行引文研究，结果显示，OA 引文优势与开放存取途径无关，而与早期浏览（early view）优势和质量偏爱（quality bias）优势相关，也就是说，开放存取模式能增加论文的被引频次，主要是因为开放存取模式能让读者对 OA 论文进行早期浏览，而不是由于论文的免费获取途径而导致的。2008 年，博伦和范德松佩尔（Bollen and Van de Sompel）认为，引文数量和下载数量之间并没有必然的因果关系，也就是说，免费获取所带来的读者的增加，并不能直接导致更多被引次数的增加。同年，戴维斯等设计了随机对照试验，以 11 组美国生理学会（American Physiological Society）出版的期刊为样本，测度了 1619 篇研究论文下载量与被引量之间的影响，论文被引频次经 Logistic 回归分析和负二项分布回归分析后发现，OA 论文不存在引文优势。从而提出 OA 论文在发表后的第一年里不存在引文优势，先前认为 OA 论文存在引文优势的研究可能是由于样本选择的主观因素造成的。随后，高尔与诺里斯（Norris）等学者在研究中都强调了引文数量的增加可能是由其他因素所致，并非完全是由网络可见性与免费获取所引起，比如，在线出版的 OA 论文时间通常要早于印刷版出版时间（early view），或者由于作者为提升早期成果的评论效果，进行自选择偏见（self-selection bias）所导致。

国外学者对开放存取期刊的引文相关研究情况详见表 2 - 4。

表 2 - 4　　国外学者对开放存取期刊的引文相关研究

作者	年份	研究方法	研究样本	研究描述	研究结果
福特·哈特（Ford Harter）	2000	回顾法、观察法	39 份图书情报学领域 OA 期刊	对比 OA 期刊的影响因子与网站链接数量	结果并没有发现两者之间存在显著相关性
科勒（Koehler）	2000	回顾法、观察法	3 份图书情报学领域的电子期刊与 1 份顶尖的印刷型期刊 JASIS	比较分析电子期刊与《美国信息科学会志》被引情况	JASIS 中论文篇幅更长，且被引频次更高

续表

作者	年份	研究方法	研究样本	研究描述	研究结果
劳伦斯	2001	回顾法、观察法	计算科学领域1989—2000年发表的111924会议论文	对比网络免费论文与仅印刷型论文引文数量	网络免费论文整体引文增加
霍金斯（Hawkins）	2001	回顾法、观察法	28份图书情报学领域的OA期刊，被ISA、LISA、LibLit、INSPEC、ERIC、PAIS、SSCI收录情况	分析OA期刊在SSCI中的被引频次	评价OA期刊学术影响力高
ISI	2004	回顾法、观察法	SCI中190种OA期刊与其他8600余种期刊	对比分析期刊的被引用情况	OA期刊的学术影响力已经达到了相应学科期刊的中等水平
肯尼库特·施瓦茨（Kennicutt Schwarz）	2004	回顾法、观察法	1999年和2002年天体物理学期刊发表的1679篇论文，两年中OA论文分别为484篇（61%）和608篇（72%）	探索arXiv上的在线论文引文数量	发表在天体物理学板块的论文引文是平常的两倍
安特尔曼	2004	回顾法、观察法	1999—2002年出版在哲学、政治科学、工程学和数学领域的影响力排名前十的期刊中，2017篇论文，其中，OA论文802篇，占40%	学科之间的引文比较，引文数量来源于ISI	根据学科差异不同，OA平均引文差异为45%—91%
布罗迪·哈纳德（Brody Harnad）	2004	回顾法、观察法	1991—2001年发表的1400万篇物理学论文。OA定义为网络上免费获取的任何论文	对比方法没有进行定义	结果显示OA引文率为2.5—5.8
Metcalf	2005	回顾法、观察法	发表在13种天体物理学期刊上的7089篇论文，其中，OA论文4156篇，占59%。OA定义为在arXiv上astro-ph部分的任意论文	引文计数来源于ISI。基本对比，没有进行样本控制	OA引文增长为1.6—3.5。高达5篇论文出版在《科学》和《自然》上
史密斯（A. G. Smith）	2005	回顾法、观察法	只选择了图书情报学领域的10份OA期刊，样本较少	比较基于引文评价方法和基于网络链接评价方法	认为链接与引文之间存在一定的联系
Thelwall Kousha	2006	观察法	图书情报学领域的OA期刊	分析OA期刊数据库引文数量与网络引文数量关系	平均网络引用数和平均ISI引文数之间存在一定的相关性

续表

作者	年份	研究方法	研究样本	研究描述	研究结果
Eysenbach	2006	预期法、观察法	2004年发表在PNAS上的1492篇论文,其中OA论文212篇,占14%。在期刊网站上,由作者支付,过6个月后都为免费获取的OA论文	引文来源于ISI。以逻辑回归模型控制论文和作者特征	在出版后的0—6个月、4—10个月和10—16个月后,OA论文相比订阅论文更易被引,优势率分别为1.7倍、2.1倍、2.9倍
库尔茨(Kurtz)等	2007	回顾法、观察法	发表在7种天体物理学核心期刊的论文。OA定义为arXiv上的任意论文	引文数据来源于ADS系统。运用了多种分析技术	没有迹象表明OA途径与引文影响相关。引文影响受自选择和早期观点的强烈影响
戴维斯	2007	回顾法、观察法	1997—2005年,发表在4种数学期刊上的2765篇论文,其中OA论文511篇,占18.5%	引文计数来源于MathSciNet。运用了多种分析技术	OA论文获得比平均引文高35%的引文量,而主要原因是自选择偏见导致的,与OA无关
汤塔	2007	回顾法、观察法	科学、社会科学、艺术、人类学科期刊论文	对比不同学科之间OA期刊的学术影响力	OA期刊论文的学术影响力在不同的学科中是不同的
莫德	2007	回顾法、观察法	1992—2005年发表在6种物理期刊上的18757篇论文,其中OA论文1913篇,占10.2%。OA定义为arXiv上高分子物理(Condensed Matter)部分的任意论文	引文计数来源于ISI。运用了多种分析技术	引文优势与OA途径无关。arXiv存档论文与非存档论文的质量差异与引文影响相关。证明OA论文的引文周期
高尔	2008	回顾法、观察法	2004—2006年发表在PNAS上的OA论文4388篇,占17%。在期刊网站上,由作者支付,过6个月后都为免费获取的OA论文	线性回归模式包括Eysenbach(2006)研究中的附加混杂变量	附加的混杂变量(如通讯作者定位、投稿时间)被加入模型中,引文影响变得不太重要

续表

作者	年份	研究方法	研究样本	研究描述	研究结果
戴维斯等	2008	随机控制实验	11 种生理学期刊中的 1619 篇论文，其中 OA 论文 247 篇，占 15%。论文为期刊网站免费获取	逻辑与负二项式回归分析。引文数据来源于 ISI	显示在发表的头一年，OA 论文获得多下载量，而不是高被引量
诺里斯（Norris）等	2008	回顾法、观察法	发表在生物、应用数学、社会学和经济学中的 4633 篇论文，其中 OA 论文 2280 篇，占 49%	简单的对比，没有样本控制。引文数据来源于 ISI	平均的引文优势为 44%—88%，不同领域之间有差异
Vaughan、Shaw	2008	回顾法、观察法	随机选择了图书情报学领域的 30 位作者	分别统计这些作者在 Web of Science、Google 和 Google Scholar 中的被引情况	Google 与 Google Scholar 中的被引频次明显高于 Web of Science，前者有潜力作为引文分析工具
Evans、Reimer	2009	回顾法、观察法	1998—2005 年出版的 8000 种期刊上的 2600 万篇论文	以 Poisson 回归模型，测度出版商中介免费获取与商业在线可用性。控制期刊强度效应	出版商中介的免费获取增加了引文率，比平均高 8%，相比商业在线途径增加了 40%
戴维斯	2009	回顾法、观察法	2003—2007 年发表在 11 种生物医药期刊的 11013 篇论文，其中 OA 论文 1613 篇。在期刊网站上免费获取的，由作者支付的 OA 论文	以论文特征为混杂因素的线性回归模型。引文数据来源于 ISI	调整后的作者支付 OA 论文引文优势为 17%。证明引文影响是随时间递减的
Araqudiqe、Kevin	2009	观察法	药学领域的 27 份 OA 期刊	利用多种数据库计算 OAJ 的影响因子	从引文的角度评价期刊影响力确实可行
Frandsen	2009	回顾法、观察法	生物学中的 150 种期刊，其中 OA 期刊为 34 种。测度发表的论文在发展中国家的分享及 OA 期刊的引文	线性回归。引文来源于 ISI	发展中国家作者不常在 OA 期刊上发表论文，也不常引用 OA 期刊论文

续表

作者	年份	研究方法	研究样本	研究描述	研究结果
高尔	2009	回顾法、观察法	2007年作者位于瑞士与印度的科学与工程领域中的43150篇论文	以期刊为固定效应的线性回归	瑞士作者的参考文献要比印度作者的平均短6%,引用OA期刊的论文长50%
Lansingh、Carter	2009	回顾法、个案对照	研究了2003年发表在眼科学领域的6种期刊上的895篇论文,其中OA期刊3种,3种为订阅性期刊,对比它们的影响因子	多元线性回归控制论文特征。引文来源于Scopus和Google Scholar	当论文特征加入到回归模型中时,获取状态就不是引文的明显预测因素
Mukherjee	2009	回顾法、观察法	图书情报学领域的17份OA期刊	用Google Scholar统计OA期刊2000—2004年刊载论文的被引情况	发现First Monday总被引频次最高,篇均被引频次最高的是D-Lib Magazine
Calver、Bradley	2010	回顾法、观察法	2000年保护生物学期刊的8种期刊上1151篇论文和专书论文	线性回归控制论文和作者特征。引文计数来源于Scopus	尽管OA论文获得两倍引文,但控制论文与作者特征时,OA论文引文优势消失

二 开放存取期刊综合质量

通常学者对期刊质量的判断会影响其学术选择行为,过滤高质量的文章对于科学研究至关重要,因此,对开放存取期刊这种新型学术交流模式的质量研究也尤为突出。国外对OA期刊质量的研究主要从开放存取期刊基本质量、网络传播质量和质量综合评价模型构建三个方面进行。

(一) 开放存取期刊基本质量研究

早期对开放存取期刊质量进行评价研究的论文,大部分采用了传统期刊质量评价的方法,主要是对开放存取期刊基于ISI数据库的引文分析,沿用传统期刊质量计量指标,如影响因子、被引频次、即年指数等。例如，麦克维（McVeigh）采用百分位数排序法，分析了 OA 期刊在所有类目和医学、生命科学、物理数学与工程、化学 4 个学科类目的百分位数排序。结果发现，OA 期刊整体质量偏低，但是，相对于订阅期刊而言，OA 期刊更容易引起科研人员的关注和利用。2005 年，马休（Matthew）通过对比各学科领域中开放存取期刊采用的严格的同行评议制度，认为传统的同行评议制度可能会影响论文评审的公正性，提出采用签署同行评审协议或者进行网上公开评审等方法，来保证评审的透明度和公正性。

（二）开放存取期刊网络传播质量研究

网络的开放性使其信息质量难以得到严格控制，由于开放存取期刊采取在线免费获取及作者付费的特殊模式，致使用户对其学术质量持怀疑态度。国外学者指出，对于具有多属性的开放存取研究成果，采取将网络指标和传统指标相结合的方法进行评价是必要的。Leslie Chan 根据 OA 期刊在互联网上的电子文本的出版形式，提出了网络计量指标的构想，如点击量、下载量、链接量和引文指标，但是，没有进行数据统计分析。2008 年，沃恩（Vaughan）等利用 Web of Science 数据库、Google Scholar 和 Google 搜索引擎为数据统计来源，利用网络链接指标评价社会科学类 OA 期刊的学术质量。

（三）开放存取期刊质量综合评价模型构建

质量是一个抽象概念，具有多重属性，国外学者在研究影响 OA 期刊质量判断客观因素的基础上，从社会属性、网络传播属性与开放存取期刊自身属性等角度，整体构建 OA 质量评价模型，归纳其相关影响因素，包括作者因素、读者属性、期刊因素、论文本身属性、社会机构、媒介因素及研究方法等。

对于国外学者关于开放存取期刊综合质量的具体研究情况总结如表 2-5 所示。

三　开放存取期刊接纳认知

近年来，开放存取期刊被美国科学信息研究所（ISI）的引文数据

表2-5　　　　　　　　国外开放存取期刊质量相关研究

作者	年份	样本描述	质量研究影响因素	研究方法	研究结果
Baldi	1998	研究了1965—1980年出版的100篇论文天体物理学论文及它们之间的引文链接	论文影响：作者数量、论文长度、内容类型、新近、论文质量、引文与被引消逝时间；期刊影响：期刊可见度与期刊质量；作者影响：作者性别、作者级别、大学、机构威望、社会关系	逻辑回归测度网络中两篇文章间的引用概率	作者喜欢引用其他基于相关主题、新近、理论导向的论文，对作者自身特征的考虑较少
van Dalen、Henkens	2001	研究了1990—1992年出版的1371篇人口统计学论文。收集了出版后5年的引文率	论文影响：作者数量、美国从属、论文类型、出版规则、地理位置、语言；期刊影响：期刊影响因子、审稿团队声望、期刊发行量	累计引文的负二项式回归	期刊特征最有说服力，然后是论文特征，作者特征的作用最小
Callaham等	2002	研究了20世纪90年代初急诊医学论文219篇。引文收集时间为出版后的三年半	期刊影响：影响因子；论文影响：研究规模、质量分数、报道价值、研究设计	回归树测算证明力的相关贡献	期刊影响因子为最强指标，然后是报道价值、样本大小和管理团队的参与
Kiernan	2003	研究了1997年6月到1988年5月，出版在JAMA、NEJM、Science和Nature上的论文2655篇	媒介影响：覆盖在《纽约时报》、24种主要新闻报纸及网络电视。引文收集于2002年	用分级线性回归法探索新闻覆盖与引文之间的关系	被报纸报道的一般都有较高的引文率，但被网络电视新闻覆盖的则不是
Perneger	2004	研究了1999年发表在BMJ上的论文154篇。引文收集于出版5年后的引用率	读者影响：全文阅览（HTML下载），几周内的阅读量与5年后的引文对比	皮尔森相关线性回归	早期阅读数量能够预测5年后引文量。页数长短、研究设计也是相关指标
Mark McCabe	2004	无	期刊质量涉及读者、投稿作者和期刊三方面的期刊评价模型，指标包括作者获益度、论文质量、编辑审稿的能力等	模型构建	OA质量和出版模式无必然联系，作者支付并不会降低OA期刊编辑标准

续表

作者	年份	样本描述	质量研究影响因素	研究方法	研究结果
Patsopoulos 等	2005	研究了1991—2001年间出版的医学论文2646篇。引文收集于出版后两年	论文影响：研究类型（元分析、随机排列、控制实验、评论、流行趋势研究、决策与成本研究、案例报道）	非参数对比、高引文论文的逻辑回归	引文反映了与医学论文相关的重要性
马休	2005	研究了科学、医学、生物医学等方面的开放存取期刊	开放存取期刊采用的严格的同行评议制度，传统同行评议制度可能会影响论文评审的公正性	对比分析	采用签署同行评审协议或者进行网上公开评审等方法，来保证评审的透明度和公正性
布罗迪等	2006	研究了arXiv上的论文14917篇。论文下载于UK mirror网站	读者影响：论文存放在Citebase前两年的下载量	皮尔森相关线性分析	论文下载量与引文关系适中 $r=0.46$
马丁·理查森	2006	牛津生命科学期刊	开放存取下载、引用和用户态度的影响	在大量抽样调查基础上进行深入的大量日志分析	OA期刊与非OA期刊在下载量上无明显差异，但被引频次上OA论文低于订阅型
Falagas and Kavvadia	2006	研究了2005年6种主要生物医药学期刊的论文340篇	论文影响：作者数量；作者影响：自引率	均值比较	论文作者数量与论文高自引率相关
科斯托夫（Kostoff）	2007	研究了1997—1999年在Lancet的102篇论文得到的最高及最低5%的引文	论文影响：作者数量、文献、摘要字数、论文长度、研究设计；作者影响：机构类型和地理位置	对比论文特征	发现作者、论文、研究和位置的差异
Kulkarni 等	2007	研究了从1999—2000年发表在The Lancet、JAMA和NEJM上的论文328篇。引文收集于论文发表5年后	外在影响：产业基金、产业支持结果、研究位置；论文影响：主题、作者团队、样本大小、研究设计及期刊；媒介影响：被新闻媒体所覆盖	前向逐步回归分析	确定自变量后，有产业资助的研究得到的引文多

续表

作者	年份	样本描述	质量研究影响因素	研究方法	研究结果
Piwowar 等	2007	基于微阵列数据的临床癌症实验论文85篇	论文影响：公众获取资料集，期刊影响高低；作者影响：美国作者	线性和逻辑回归	论文如果能够公共获取会增加69%的引用率
Sotudeh	2007	2001—2003年SCI收录的生命科学、自然科学、工程材料科学和多学科科学4个领域期刊中的OA论文27948篇	对比OA论文与订阅型论文的被引频次，以通过开放存取增加论文的阅读量与被引证次数	回归分析	OA论文被引频次低于订购论文。认为OA期刊的影响力仍处于比较低的水平
McVeigh	2008	医学、生命科学、物理数学与工程、化学4个学科类目论文	分析了所有类目与4个学科类目的OA期刊百分位数排序	采用百分位数排序法	OA期刊整体质量偏低，但OA期刊更易引起科研人员的关注和使用
Conen	2008	研究了2000—2005年出版在JAMA、The Lancet和NEJM上的心血管论文303篇	外在影响：基金来源（商业与非商业）；实验结果（利弊结果）；论文影响：样本容量、目的、单一或多中心研究、干预类型	非参数对比	论文研究基金来自商业实体的引文优势，贯穿于每个层级对比中
Lokker	2008	研究2005年出版的医学论文1274篇。引文收集于出版两年后	论文影响：数据库中期刊的标引和摘要及论文质量级别	线性回归	论文发表三周内的变量能够预测两年的引文趋势
Akre	2009	研究了1998—2002年发表在BMJ、The Lancet、JAMA和NEJM上的论文4724篇	作者影响：通信作者的地理位置；论文影响：研究类型	逻辑回归预测高低被引可能性	中等偏下收入国家的作者很少有高被引的，低被引的居多

库收录的数量呈现渐增趋势，开放存取模式被越来越多的机构和学科所接受，但是，对于大多数的潜在作者来说，还不能完全明晰他们对 OA 期刊的认知态度。2005 年，施罗特（Schroter）等发现，尽管发表 OA 论文的作者相对较少，但是，从全局来看，作者已经开始逐渐地意识到开放存取模式强有力的发展趋势。因此，国外学者深入研究作者对 OA 期刊的经验，从 OA 期刊认知和 OA 期刊发表动机层面进行了相关探索。

（一）作者对开放存取期刊发表意愿研究

作者对开放存取期刊的感知与作者是否曾发表过开放存取论文紧密相关。如果由于 OA 期刊的虚拟认知、作者支付及声望较差等原因，作者不愿将论文发表在开放存取期刊上，那么开放存取运动的成功也就无从谈起。罗兰兹、尼古拉斯和亨廷顿（Rowlands, Nicholas and Huntington）以国际高级作者为对象，进行 OA 期刊认知研究，指出只有很少作者（11%）经历过 OA 期刊发表。2005 年，斯旺和布朗的研究发现，免费获取原则成为影响作者是否愿意将其成果发表在开放存取期刊上最强烈的因素，同时斯旺和布朗也列出了阻碍作者向 OA 期刊投稿的主要因素即 OA 期刊缺乏声望及 OA 资助基金，同时职业晋升问题与评奖评优问题也是作者不愿发表 OA 论文或者存在顾虑的原因。曾发表过 OA 论文的作者支持 OA 期刊的理由包括赞成开放存取原则，认同 OA 期刊快速发表优势，认为 OA 期刊是学术交流与共享的最佳途径，以及出于对商业出版、期刊危机和版权保留的异议。没有在开放存取领域发表过论文的作者纷纷表示，其中的原因是他们不熟悉各自领域中开放存取的期刊，而且没办法确定哪种开放存取期刊适合他们投稿。

感知质量在 OA 期刊的发展中是一个关键性问题。2007 年，赫斯（Hess）等基于 688 份在线调查的回答研究了 OA 发表的感知。从总体来看，他们发现，作者对 OA 原则呈现出正向态度，但同时作者也不甘心将他们的成果发表在 OA 期刊上。施罗特与泰特（Tite）在 2006 年调查了 468 个对象，调查结果显示，66% 的作者倾向于将论文发表在非 OA 期刊上。此外，Pelizzari 在 2003 年调查了一所大学两个学院的教员，但是，由于样本量受限，以致不能得出任何有力的结论。2005 年，施罗特等对 28 个作者进行了逐一访问，尽管结果难以广义化，但可归纳为作者在选择期刊时认为感知期刊的质量要比其他潜在的因素更有意义。

从学科角度对 OA 期刊发表模式态度的研究也解释了作者对 OA 期刊发表模式的态度。2007 年，沃利克和沃恩（Warlick and Vaughan）通过采访两所美国高校的生物医药教员，提出了生物医药作者在 OA 期刊上发表论文的动机因素。通过明晰此领域作者对开放存取论文发表的刺激因素与抑制因素，我们发现，大多数生物医药领域的作者都曾有很充裕的基金来支付 OA 期刊出版的费用，所以，他们不会因为 OA 期刊是以"作者付费"的方式，而不向 OA 期刊投稿。尼古拉斯等在 2005 年的调查揭示了作者支付意愿在学科中的差异。在对核酸领域的研究中，基于出版商对作者的调查，显示开放存取因素并不是作者选择发表论文的决定性因素，影响因子、期刊知名度及名誉，还有期刊质量和专家评议过程的速度，才是决定论文是否发表的重要因素。

（二）作者对开放存取期刊支付意愿研究

目前，最流行的 OA 期刊模式就是以作者付费发表来代替读者的订阅费。在对国际高级作者进行支付意愿调查时，他们表示希望连接作者和读者的两个终端都能够是免费的，他们在一定程度上不太赞成作者支付的理念。由出版社、基金机构和图书馆联合进行的 SOAP（Study of Open Access Publishing）项目研究，是一个全球范围的跨学科作者调查，结果显示，基金问题和质量保障是 OA 期刊发表的主要障碍。Coonin 与 Younce 以教育类期刊的作者为调查对象，来测定他们对 OA 期刊出版的支付意愿。当提到发表 OA 论文需要作者付费时，大多数应答者（56.1%）都表示，他们不愿选择需要付费的 OA 期刊，其中，27% 的应答者表示，如果在有基金资助或机构支持的情况下，他们则愿意发表 OA 论文。与前期研究结果有些不同，很多作者把声望与 OA 期刊联系起来。一项基于医药领域期刊的作者 OA 期刊发表认知研究，通过电话访问方式对作者 OA 期刊发表动机进行判断。结果显示，大多数的调查者支持 OA 期刊发表模式，也意识到了开放存取优势，但是，对于没有机构资助时，"作者付费"的行为不太赞同，而且考虑到这对发展中国家的作者及其他缺乏基金资助的作者构成负担。还有很多调查者表示，只要期刊质量高，尽管收费也会继续投稿。

2004 年，Cozzarelli 等对 2003 年双月刊的 *The Proceedings of the National Academy of Sciences USA*（PNAS）期刊的作者进行开放存取意愿调查，尽管限制在一个小范围样本量，但结果显示，几乎一半的作者都愿意支付一定的附加费，使他们的 PNAS 论文可以让读者免费获取。然而，与英国惠康基金会（Wellcome Trust）于 2004 年估算的 2500 美元形成对比，如果附加费在 500 美元就会有 80% 的作者愿意支付。2004 年，理查森和萨克斯比（Richardson and Saxby）调查了 *Nucleic Acids Research* 期刊作者每篇论文支付 500 美元的意愿，同意率达到了 90%。2009 年，PLoS 也进行了一项作者调查，样本对象也包括那些曾被拒过稿的作者，研究评价了作者对 PLoS 期刊质量及论文编辑处理的满意度。其中，作者愿意投稿给 PLoS 的最具共性的原因包括 PLoS 期刊质量、影响因子、开放存取、PLoS 品牌质量，以及专家评议的速度与标准，而"作者支付"似乎并不是问题，对大多数作者来说，在费用问题上多数作者都持"中立"态度。英国伯明翰大学的拉塞尔和肯特（Russell and Kent）近期对获得资助的绿色 OA 和金色 OA 的基金研究者进行案例分析，评价了开放存取的影响，探索了研究者选择 OA 的动机，发现科研人员不是特别在意作者支付的模式，而是比较关心他们的成果是否发表在高知名度期刊上。针对以上国外学者对开放存取期刊的认知研究，具体内容总结如表 2-6 所示。

表 2-6　　　　　　国外开放存取期刊认知的相关研究

作者	年份	调查样本	调查结果
Pelizzari	2003	调查了一所大学两个学院的教员	由于样本量太受限以致不能得出任何有力的结论
Cozzarelli 等	2004	对于 2003 年双月刊 PNAS 期刊作者是否能够接受开放存取的意愿进行调查	分析显示，几乎一半的作者都愿意支付一定的附加费，使他们的 PNAS 论文可以让读者免费获取。如果附加费在 500 美元左右，就会有 80% 的作者愿意支付
理查森、萨克斯比	2004	调查了 Nucleic Acids Research 期刊作者每篇论文支付 500 美元的意愿	同意率达到了 90%
罗兰兹、尼克拉斯、亨廷顿	2004	以国际高级作者为对象	指出只有很少作者（11%）经历过 OA 发表
施罗特等	2005	对 28 个作者进行了逐一访问	科研人员已经开始逐渐地意识到开放存取强有力的发展趋势，作者在选择期刊时认为感知期刊的质量要比其他潜在的因素更有意义
斯旺、布朗	2005	基于跨学科的 1296 位作者对开放存取的意识	发现免费获取原则成为影响作者是否愿意将其成果发表在开放存取期刊上最强烈的因素
尼古拉斯等	2005	以电邮的方式发送 4000 份左右的问卷	调查揭示了作者支付意愿在学科中的差异
施罗特、泰特	2006	调查了 468 个对象	结果显示，66% 作者倾向于将论文发表在非 OA 期刊上
赫斯等	2007	基于 688 份在线调查的回答研究了 OA 发表的感知	发现作者对 OA 原则呈现出正向态度，但同时作者也不甘心将他们的成果发表在 OA 期刊上
沃利克、沃恩	2007	两所美国高校的生物医药教师	明晰了作者在 OA 全文期刊上发表论文的动机与影响因素

续表

作者	年份	调查样本	调查结果
帕克·帕特森	2009	针对 PLoS 作者进行一项调查，调查样本也包括那些曾被拒过稿的作者	研究评价了作者对 PLoS 期刊质量及论文编辑处理的满意度。作者愿意投稿给 PLoS 的最具共性的原因包括 PLoS 期刊质量、影响因子、开放存取、PLoS 品牌质量，以及专家评议的速度与标准，而作者支付似乎并不是问题
Coonin、Younce	2010	以教育类期刊的作者为调查对象，测定他们对 OA 出版的支付意愿	与前期研究结果有些不同，很多作者把声望与 OA 期刊联系起来
拉赛尔、肯特	2010	对获得资助的绿色 OA 和金色 OA 的基金研究者进行案例分析，评价了 OA 的影响	他们探索了研究者选择 OA 的动机，发现科研人员不在乎商业模型与作者付费，而是比较关心他们的作品是否发表在高知名度的期刊上
Suenje Dallmeier–Tiessen	2011	SOAP 项目对全球范围的跨学科作者进行 OA 认知调查	结果显示，基金问题和质量保障是 OA 发表的主要障碍

第三节　国内开放存取期刊学术影响力

近年来，开放存取期刊得到了国内学者的普遍关注，以 CNKI 中国期刊全文数据库检索系统为检索入口，以开放存取期刊或开放获取期刊作为篇名或关键词，对我国开放存取期刊的相关研究进行统计分析，发现文献主要分布于 2004 年以后，内容集中在开放存取模式及述评、开放存取期刊对我国的影响、开放存取期刊发展中存在的问题、开放存取期刊质量评价，以及开放存取期刊学术影响力研究五个方面。

一　开放存取期刊质量评价

我国学者对于 OA 期刊质量的系统研究主要集中于 2009 年以后，从我国学者对 OA 期刊质量的评价及研究来看，OA 期刊的综合质量不仅包括学术质量（主要以学术影响力衡量），还包括编辑质量、出版发行质量、开放质量等。例如，秦金聚在《情报探索》2007 年第 8 期上发表的《纯网络电子期刊质量评价研究》一文中，从期刊基本质量、内容质量和传播质量三个层面提出了一个纯网络电子期刊的综合评价指标体系。胡德华和常小婉在《图书情报工作》2008 年第 2 期上发表的《开放存取期刊论文质量和影响力的评价研究》一文中，从论文的影响力、论文间质量的差异性和作者合作度三个方面，采用平均被引频次、被引频次的极差、平均作者数和论文合著率 4 个指标，对开放存取模式下论文的学术质量水平和影响力进行统计分析。张红芹在《情报理论与实践》2008 年第 3 期上发表的《开放存取期刊质量评价的指标体系构建与评价实践——以化学类期刊为例》文章中，从静态评价（编辑出版水平、学术水平）和动态评价（网络影响力）两个层面出发，构建了一个包含 9 个指标的评价体系，提出了如质量控制指标、期刊网站性能以及下载影响因子等评价指标对 44 种化学领域的 OA 期刊进行了实证研究。2009 年邱均平发表的论文《国内外开放存取期刊质量研究现状探析》，对国内外研究开放存取期刊质量的文献进行了分析，通过研究开放存取期刊质量的不同角度，对目前开放存取期刊质量现状进行归纳和总结，并针对目前开放存取期刊质量研究的不足提出了相应的建议。在质量评价方法方面，陶雯 2006 年发表的《开放存取期刊质量评价方法研究》与严真 2011 年发表的《开放存取期刊质量评价方法与相关问题思考》都对开放存取期刊质量的同行评议法、引文分析评价法和网络计量学方法的优势与不足作了阐述，结合开放存取期刊的双重属性，提出开放存取期刊质量综合评价方法。针对开放存取的质量控制层面，刘国亮、徐丽芳、傅蓉、韩欢等基于项目管理视角与基于出版流程等不同角度，对开放存取期刊进行学术质量控制研究。关于 OA 期刊质量及评价指标体系的相关研究详见表2-7。

表 2-7　　　　　　国内开放存取期刊质量相关研究

姓名	年份	评价指标体系构建	期刊基本质量	网络传播质量	论文内容质量	影响力指标	期刊质量控制	编辑出版质量	质量评价方法	用户认同	同行评议
潘　琳	2006		√			√	√				
陶　雯	2006			√		√			√		√
傅　蓉	2006						√	√			
刘海霞	2006					√				√	
秦金聚	2007	√	√	√	√						
黄水清	2007					√	√		√		
张红芹	2008	√		√		√					
赵丽莹	2008				√		√				
刘国亮	2008	√					√				
胡德华	2008	√				√			√		√
赵蓉英	2009			√						√	
金　勇	2009				√	√	√		√		
田　丽	2009		√	√		√		√		√	
韩　欢	2009						√				
邱均平	2009	√		√		√			√		
张文敏	2009	√				√			√		
陈　铭	2010	√		√					√		
严　真	2011	√							√		√
徐丽芳	2011					√	√				√
赵清霞	2012		√						√		

从表2-7来看，近年来，我国学者开始对OA期刊资源进行大量的数据研究，主要从期刊基本质量、网络传播质量、论文内容质量、编辑出版质量、质量评价方法、期刊质量控制、同行评议与用户认同，以及学术影响力指标等方面的内容对OA期刊质量进行研

究。近年来，我国学者以影响力指标来研究 OA 期刊质量的文献居多，其次以同行评议及质量控制手段等对 OA 期刊质量的影响也进行了一定数量的研究，如图 2-4 所示。

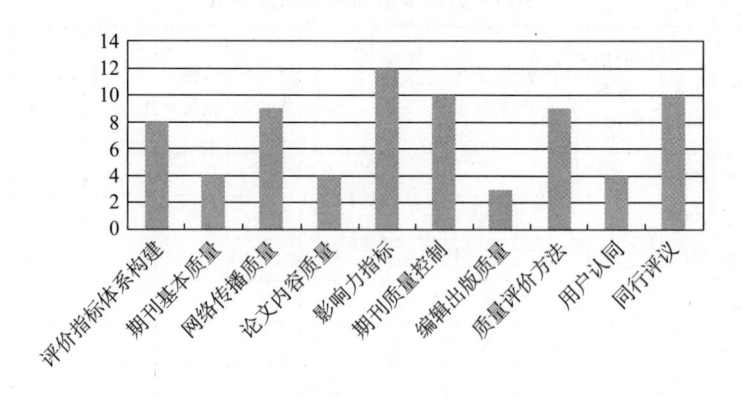

图 2-4　开放存取期刊质量相关研究分布

二　开放存取期刊学术影响力

我国学者也充分意识到了 OA 期刊学术影响力的重要性，对 OA 期刊学术影响力展开了一系列的实证研究，成果主要分布于2009—2012 年，分别从引用计量指标、链接计量指标与社会属性因素等维度对 OA 期刊学术影响力进行深入研究。如邱均平在《情报理论与实践》2004 年第 2 期上发表的《基于印刷版与电子版的学术期刊综合评价研究》一文中，提出了一个学术期刊综合评价的框架体系，并介绍了印刷版期刊、期刊网址和期刊数据库的评价指标。马景娣上在《中国图书馆学报》2005 年第 1 期发表的论文《图书情报学电子期刊及其学术影响分析》，利用 SSCI 及 JCR 数据库检索、统计引用计量指标对社会科学开放访问期刊的影响力水平进行讨论研究。庞景安在《情报理论与实践》2006 年第 1 期上发表的《中文科技期刊下载计量指标与引用计量指标的比较研究》一文中，对中文科技期刊的下载计量指标和引用计量指标进行了全面的比较分析和深入的定量研究，并利用 Spearman 等级相关分析方法，探讨了中文科技期刊两类计量指标之间的相关性问题。刘畅发表于《图书情报工作》2008年第12期的《开放存取期刊的影响力分析》文章，从JCR、OA期刊目录、OA期刊出版者和著名图书情报学OA期刊D-Lib Magazine的质量四个角度分析OA期刊的影响力。研究显示，OA期刊的质量和影响力不断提升，高质量的期刊正在逐渐转向OA期刊出版。李贺等在《情报理论与实践》2012年第2期上发表的《我国网络发表科技论文的学术影响力评价研究》文章中，从促进网络发表科技论文发展角度出发，定性和定量方法相结合，通过分析网络发表科技论文及其所附载体特征，构建网络发表科技论文学术影响力的评价指标体系。此外，查颖利用H指数对OA期刊BMC Bioinformatics和传统期刊Bioinformatics进行了对比分析；王靖选了四种公共卫生学OA期刊，采用文献计量法和网络调查法，对期刊影响力多项指标与网络环境进行分析；黄颖提出了包括引用指标影响因子、即时因子、平均引文率、总被引频次、SJR、H指数、载文量、近三年可引用论文数、文章平均被引数等9项指标在内的评价体系；董文鸳和陈清文及袁顺波和华薇娜从引文与链接两个角度分别评价了图书情报OA期刊的学术影响力；钱建立在《开放存取对期刊影响力绩效研究综述》一文中归纳了国内外主要的三类OA期刊绩效研究方法，并提出了OA期刊论文比例演变、文献引文中OA期刊文献比例演变、搜索引擎对OA期刊绩效影响的研究方案。由此，关于开放存取期刊学术影响力的研究详见表2-8。

通过对我国开放存取期刊学术影响力研究的分类，研究主要是从引文计量指标、链接计量指标和社会属性因素的不同角度，选取不同的评价指标对开放存取期刊与开放存取论文的影响力进行对比研究。其中，我国大部分学者倾向于利用引文计量指标对开放存取期刊学术影响力进行研究，如图2-5所示。

在开放存取期刊学术影响力的研究过程中，我国较多学者利用影响因子、总被引频次及论文被国外权威数据库收录的数量等指标对开放存取期刊学术影响力进行评价，如图2-6所示。

表2-8 国内开放存取期刊学术影响力相关研究

姓名	年份	引用计量指标											链接计量指标				社会属性指标			
		总被引频次	影响因子	出版频率	即年指数	平均引文率	载文量	H指数	特征因子	SJR指数	被引半衰期	被数据库收录	网络引文量	网络影响因子	网络下载频次	网页浏览量	外部链接数	期刊知名度	作者认知度	论文关注度	专家认可度
邱均平	2004	√	√		√	√	√				√		√					√			
马景娣	2005	√	√		√						√								√	√	
万锦堃	2005	√	√		√										√						
王学勤	2006											√									
陶雅娜	2007			√								√									√
刘畅	2008		√	√	√							√									
王云娣	2008		√	√								√									
查颖	2008		√			√	√	√													
黄颖	2009	√	√		√	√	√	√		√		√									√
黄如花	2009		√			√															√
种艳秋	2009		√											√		√	√				
董文鸳	2009	√																			
邓李君	2009	√	√		√	√	√				√					√	√	√	√	√	√

续表

姓名	年份	总被引频次	影响因子	出版频率	即年指数	平均引文率	载文量	H指数	特征因子	SJR指数	被引半衰期	被数据库收录	网络引文量	网络影响因子	网络下载频次	网页浏览量	外部链接数	期刊知名度	作者认知度	论文关注度	专家认可度
任胜利	2009	√							√												
钱建立	2009		√		√																
王 靖	2010		√		√	√							√	√	√						
袁顺波	2010	√																			
曹 兴	2010			√			√	√					√	√				√	√	√	√
文 奕	2010						√															
陈 静	2011	√	√		√									√	√		√	√		√	√
杨 颖	2011												√					√			√
赵铁汉	2011	√	√	√	√	√		√					√					√	√		√
李 贺	2012		√	√	√	√									√	√	√	√		√	
牛昱昕	2012	√						√				√									
韩鹏鸣	2012									√			√									
路世玲	2012		√									√							√	√		

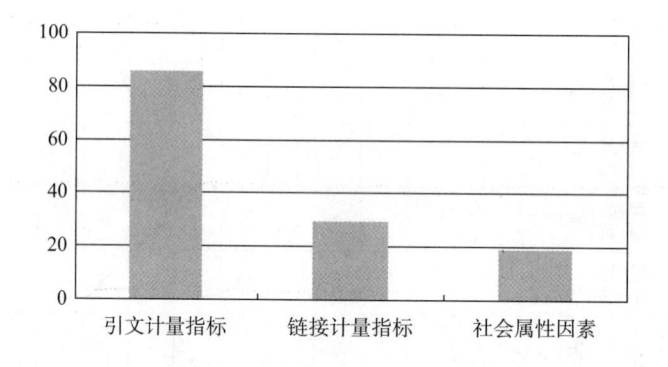

图 2-5 开放存取学术影响力主要维度分布

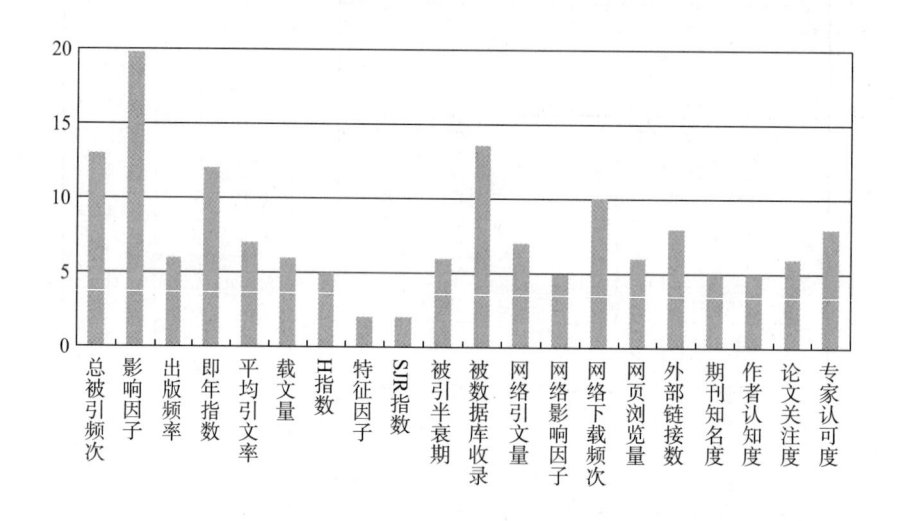

图 2-6 开放存取期刊学术影响力相关研究分布

我国关于开放存取期刊学术影响力的学术研究，从论文发表数量上来看相对较少，但开放存取期刊的质量与学术影响力的研究越来越引起我国界内人士的重视，从论文发表空间来看，我国对开放存取的研究将不断深入扩展。开放存取运动推动了发展中国家的学术交流进程，我国作为发展中国家的大国，在开放存取期刊学术影响力领域内的相应研究提升了我国在国际学术交流中的可见度与影响力，同时也促进了全球学术科研的快速发展。

第四节　国内外开放存取期刊学术影响力研究评述

通过对国内外开放存取期刊学术影响力的相关研究进行梳理，总结国外学者在近十年里主要从开放存取期刊对发展中国家的影响、开放存取期刊引文计量、开放存取期刊质量评价、开放存取期刊接纳认知等方面进行研究，这些研究促进了开放存取期刊学术影响力与质量的不断提高，并提升了开放存取期刊在国际学术交流中的可见度与影响力。

一　国外开放存取期刊学术影响力相关研究的主要成果

国外学者对于开放存取期刊的研究时间较早，研究成果相对显著。其中，研究方法多样，不乏大量的实证研究，样本量规模大、范围广，涉及的学科领域较为广泛。

在 OA 期刊引文研究层面，国外学者关于 OA 期刊引文优势与 OA 期刊引文动机的研究比较丰富，涉及的学科范围较广。OA 期刊引文研究主要集中在 2004—2010 年，内容大致为 OA 期刊与非 OA 期刊影响因子的对比、某学科范围内 OA 期刊论文与非 OA 期刊论文的被引频次比较，以及某种混合期刊中 OA 期刊论文与非 OA 期刊论文的计量指标进行对比分析三类。

在 OA 期刊质量研究层面，国外学者使用多项计量指标、运用多种技术方法、利用多种网络工具对 OA 期刊质量进行探索，实证研究成果较多。相关文献一直贯穿于 OA 期刊研究的全过程，内容主要从 OA 期刊传统计量研究、网络计量研究和质量评价模型研究三方面展开。国外学者开创了利用引文分析方法来评价 OA 期刊质量先例，围绕影响因子、被引频次等指标对 OA 期刊的质量展开研究；同时，根据 OA 期刊自身网络属性，国外学者从网络链接、网络搜索引擎等角度，利用 Web of Science、Google 和 Google Scholar 等引文工具对 OA 期刊质量进行研究；部分学者还结合期刊、论文、作者、媒介、研究机构、期刊网站、研究方法等各维度对 OA 期刊质量进行综合评价模型的构建。

在 OA 期刊认知研究层面，国外学者通过问卷调查，探索科研人员对 OA 期刊出版模式的意愿，调查样本规模较大，研究结果合理可信。相关文献主要集中在 2004 年以后，学者从作者对 OA 期刊发表态度和 OA 期刊付费意愿两个角度，对不同国家及不同学科领域的科研人员进行深入研究。

与此同时，国外学者在 OA 期刊对发展中国家的影响以及 OA 期刊对图书馆的影响方面也进行了一系列的研究，为后续开放存取相关研究工作奠定了坚实的基础。

二 国外开放存取期刊学术影响力相关研究的存在问题

纵观国外近十年来关于开放存取期刊的研究，很多问题还处于探索阶段，国外相关研究在推动开放存取期刊发展的同时，也存在以下三个方面的问题。

在 OA 期刊引文研究中，数据来源单一。国外学者大部分统计的引文数据都来源于 ISI，但数据库的覆盖范围有限，那些没有被 ISI 收录的期刊，尤其是发展中国家创办的及非英文版本的 OA 期刊就很难得到学术影响力及质量的评价。

在 OA 期刊质量研究中，缺乏对网络评价指标体系的验证。国外学者在沿袭传统期刊评价方法的同时，也有部分学者开始考虑 OA 期刊的电子属性，探索将网络影响指标纳入质量评价，但部分研究只提出了将网络链接指标用于 OA 期刊评价的想法，并没有进一步证实和建立网络评价指标体系。

在 OA 期刊评价模型的构建研究中，缺乏对关键影响因素的全面分析。作者从不同角度分析了影响 OA 期刊质量的因素，但缺乏对影响因素间作用机理的深入分析，没能针对 OA 期刊的多重属性，系统地建立评价 OA 期刊质量的综合模型。

三　国内开放存取期刊学术影响力相关研究的存在问题

我国引入开放存取期刊的概念较晚，很多问题的研究还处于探索阶段，因此，我国开放存取期刊的相关研究在推动国内开放存取期刊发展与促进开放存取期刊学术影响力提升的同时，也应该注意以下四个方面的问题。

（1）我国目前由于还处于 OA 期刊发展的初级阶段，国内的研究大部分还集中在开放存取期刊概念、特征、模式、存在问题、发展策略等问题的探讨上，而对开放存取期刊质量、开放存取期刊学术影响力及开放存取期刊认知方面的研究数量较少，起步较晚。

（2）我国从传统引文的角度评价期刊影响力确实可行，但测算方法会有偏颇；从网络引用和链接的角度评价 OA 期刊的学术影响力有益于 OA 期刊的探索，但要使评价结果规范化、科学化，就要保证网络数据测度工具的稳定性和可靠性。

（3）我国学者目前在开放存取期刊学术影响力层面所做的研究，数量有限、内容重复、研究样本规模较小、范围较窄，而且大部分研究仅限于对期刊评价的计量指标进行理论性探讨，缺少相关实证支持。研究结论缺乏客观性、科学性和可操作性。

（4）我国 OA 期刊发展模式尚不成熟，OA 期刊质量无法有效控制，国内学者对 OA 期刊质量评价方法、指标体系和模型的构建等相关研究目前还多停留在理论层面。

由此，我国需要借鉴国外开放存取期刊学术影响力实践的成功经验，结合我国具体国情，认真研究开放存取期刊的运行机制，积极探索适合我国自身的开放存取期刊学术交流模式，从而大大提升我国科研成果转换后的影响力。

第三章 开放存取期刊学术影响力相关理论研究

第一节 开放存取期刊学术影响力基本理论

一 开放存取

(一) 开放存取的内涵

开放存取 (Open Access, OA) 在国内外均已成为内涵与外延界定约定俗成的学术用语,但是,在国内对其中文译名还存在多种翻译,如开放存取、开放共享、开放使用、公开获取、开放式出版等。根据 Open Access 的内涵、国内核心期刊论文题名的称谓及我国众多研究者的叫法,本书将顺应多数学者所采纳的"开放存取"的译名,即 Open Access Journal 译为开放存取出版模式的学术期刊,简称为"开放存取期刊"。

开放存取 (Open Access) 这个名词来源于赫德的免费获取模式,即经过同行评议的数字化学术论文全文,用户可以免费使用。开放存取是一种经由网络,任何读者都能免费使用所需资源的正式学术交流渠道。开放存取的发起,激发了对期刊质量控制研究的创新性,同时也对更新知识的发展起到促进作用。它是基于学术创作的特殊性,即学术作者的关注点在于他们出版物的广泛传播,而不是寻求直接的经济回报。

"开放"(Open) 意味着对学术著作全文的获取不需要支付任何

费用。博格曼（Borgman）在定义"存取"（Access）时，提出连通性、内容和可用性三个基本要素。连通性（connectivity）是指具备使用计算机网络的物理连接；内容（contents）是指属于计算机网络的信息；可用性（usability）是指对计算机网络和根据检索、阅读及传播内容的可获取性。开放存取的含义包括内容的获取途径和内容的免费使用，而自由连通的说法，正如学者凯勒（Keller）于1995年所述，不是指物理网络的自由获取，而是对物理网络中所包含信息的免费获取。凯勒从信息的背景来界定开放存取，认为开放存取不仅是建立网络物理链接，而且要保证这些链接易于使用、收费合理，并可提供完整的信息资源。这就要求网络使用不应局限于信息的被动链接，而应创建开放、共享、漫游的网络交流环境，使用户既成为信息的使用者也成为信息的发布者。

开放存取最具广泛影响的一个定义来自由开放协会研究所（Open Society Institute，2004）在匈牙利的布达佩斯组织召开的关于开放存取的国际研讨会上，发表的"布达佩斯开放先导计划"（Budapest Open Aecess Initiative，BOAI）。BOAI关于开放存取的完整定义阐述为：文献可以通过公共网络免费获取，允许任何用户阅读、下载、复制、传播、打印、检索、链接到论文的全文，为论文建立索引，将论文作为素材编入软件，或者对论文进行任何其他出于合法目的的使用，而不受经济、法律和技术方面的任何限制，除非网络本身造成数据获取的障碍。对复制和传播的唯一约束是允许作者对其作品完整性以及署名权和引用权进行控制。

开放存取作为一个科学知识传播的新通道，开始被学者认可。开放存取意味着一个读者通过网络可以对学术出版物，在非商业目的下，免费并不受权限地进行阅读、打印，或者更广泛地传播。开放可用性使读者不会遇到使用许可的障碍，所以，用户可以从参考书目中对开放存取出版物进行链接，而且每个引用都很容易获取。通常作者保留几乎完整的版权，并能将材料发表在其他地方。

因此，基于理论和实践观点，开放存取在目前的研究中可行的定义为：经过同行评议的学术著作，创作时没有经济收益的预期，任何感兴趣的读者在公共网络上，以学术研究为目的，都可以免费在线使用。作者拥有版权，读者可以免费阅读、下载、复制、传播、打印、搜索或链接。

（二）开放存取的途径

开放存取如今被视为学者存取、搜索、处理和传播科研成果及思维的创新和改革之路。开放存取能够提供诸如免费获取路径、高效采集管理、有效发表流程以及读者、馆员、出版商和学者间有各自的交流渠道等优点。开放存取运动取得了丰硕的成果，其中开放存取的两种实现形式，即开放存取期刊（Open Access Journals，OAJ）和开放存取仓储（Open Access Repositories，OAR）得到了迅速发展。开放出版，即期刊或会议论文出版后立即开放存取，称为OA金色之路，是两种提供开放存取主要方式中的一种；开放存取仓储，即论文出版后存储到相关知识库，一段时间后开放存取仓储，称为OA绿色之路。

开放存取期刊是经过同行评议、通过互联网可即时免费访问的学术期刊。这些期刊的特色是让作者保留版权。由于出版商不断增加的订阅费用，没有经济和法律障碍的OAJ开始涌现，提供对论文的任意访问。电子版本期刊的出现与传统印刷版的期刊相比，降低了生产和传播成本。开放存取期刊效仿广播电视支付费用的方式："对传播内容感兴趣的需要对产品费用预先支付，由此每个人都可以免费存取"。瑞典南部的隆德大学图书馆就是一个很好的向开放存取方向迈进的实例。自2000年起，大量的专业OA出版机构出现在互联网上，如PloS、BioMed Central和Hindawi。开放存取期刊被越来越多的机构和学科院所接受，OA期刊的数量近年来持续增长。美国三大研究高校和一个非营利研究组织出版的开放存取期刊，被ISI数据库收录数量呈现渐增趋势。

开放存取的思想提出后，学术界纷纷开始建立包括学科库和机构库的开放存取仓储。关于开放存取库的定义，迄今为止，还没有统一，不过，其构成主要有学科库和机构库。开放自存档和机构仓储不像开放存取期刊，没有经过同行评议的过程，它们大多是按学科仓储，包括预印本、印后本，或两种形式混合。其中，学科库不受地域控制，主要收录某一或某几个学科的未经同行评议的待发表电子版论文；而机构库收录的内容相对广泛一些，它是收集、存放由某个或多个学术机构的专家、学者所创造的，可供机构内外用户共享的学术文献数据，而且它与学科库的不同之处还在于机构知识库有对学术资源进行长期保存的要求。开放自存档被限制在期刊文章或者包括论文、课程材料、学习对象、影音文件或是其他种类的数字文件。作者对这些材料拥有版权，但是，一旦作者将版权转让给不允许预印本和印后本存档的期刊，作者发表时就必须先获得版权持有者的许可。由于缺乏有效的控制手段，开放存取库中的论文学术水平参差不齐，质量难以保证。

开放存取库主要包括学科知识库、机构知识库和电子预印本。学科库是专门收集某一特定学科研究资源的各种类型的电子文档进行收集、整理和共享、利用的知识库。其中，最普遍的类型是电子印本书库（e-print archive），e-print 是一种以电子方式复制的文献，一般是学术研究文献，它通常包括两种形式：未经审核的预印本（preprint）和已经审核过的后印本（postprint）。现在很多学科都已建成学科库，如医学、化学、物理学等，比较著名的机构如由美国国家医学图书馆的国家生物技术信息中心开发和设计的公共医学中心（PubMed Central，PMC）。机构知识库也称机构资料库（Institutional Repository，IR），是某一所大学或科研机构学者所创造的各种学术资源和科研成果的集合。SPARC 资深顾问雷姆·克罗（Raym Crow）认为，机构知识库是收集并保存单个或数个大学科研机构知识资源的数字化资源集合。而电子预印本一般是指未经过同行评议的待发表的电子版的论文，据 Eprints.org 阐述，已经提交但还没有出版的草稿称为预印本，而提交并予以发表的定稿称为后印本。预印本相比正式发表论文，流通速度要快得多，在网络产生之前，其实就已经成为一些学者相互交流的重要途径，近年来，这种非正式科学交流形式在国外发展迅速。

二 开放存取期刊

（一）开放存取期刊内涵

开放存取期刊作为一个不断发展变化的新生事物，目前并没有一个公认的定义，我们总结开放存取期刊的三个标准，即全文的免费获取、仓储或自存档及拷贝和传播的权限。以下为开放存取运动先导巴斯达声明（Bethesda）、布达佩斯OA先导计划（BOAI）、学术出版和学术资源联盟（SPARC）、开放存取期刊目录（DOAJ）和科学公共图书馆（PloS）对开放存取期刊概念的主要定义，见表3-1。

表3-1　　　　　开放存取期刊的主要概念

开放存取运动先导	开放存取期刊主要概念
布达佩斯开放存取计划（BOAI）	□自存档 □同行评议 □公共网络免费获取 □所有用户可以免费阅读、下载、复制、传播、打印、检索或链接全文 □所有用户均可以任何合理的目的进行展示和使用 □不存在经济、法律和技术障碍作者拥有版权
巴斯达声明（Bethesda）	□所有用户均享有免费的、不可撤销的、全球范围的、永久的开放存取权限 □所有用户均有权复制、使用、传播与公开展示，以及在原作品基础上创作和传播其衍生作品，但被引用时应标明出处并致谢 □成果出版后将其以一定标准的电子版本格式进行在线存储 □提供长期存档的支持与维护 □作者拥有版权
学术出版和学术资源联盟（SPARC）	□以成本有效性方式传播和使用信息 □不使用作者期待产生收入的作品 □实施目前合理的版权法 □对读者免费，作者付费 □聚焦于学术研究 □要求进行同行评议

续表

开放存取运动先导	开放存取期刊主要概念
开放存取期刊目录（DOAJ）	□无须读者本人或其所属机构支付使用费用的期刊 □允许读者进行阅读、下载、复制、分发、打印、检索或链接到全文 □要求进行同行评议或其他质量控制 □作者具有版权
科学公共图书馆（PLoS）	□与巴斯达声明几乎相同

从以上这些概念来看，开放存取期刊所普遍包括的要素有：①开放存取期刊可以通过网络免费获取；②严格要求经过同行评议制度；③作者拥有版权；④开放存取期刊必须出于学术目的。

本书将"开放存取期刊"的定义为：供读者免费在线使用，只要能上网就没有任何经济、法律或技术障碍可供使用的学术期刊，包括对科技信息进行过滤、甄选、验证和包装等价值功能等。开放存取期刊按照获取方式，分为延时 OA 期刊、半 OA 期刊和完全 OA 期刊三大类，本书将开放存取期刊类型定义为完全 OA 期刊，即完全采用作者付费方式，在出版同时就可以免费获取的 OA 期刊。

（二）开放存取期刊特征

相对于传统的出版模式而言，开放存取期刊的基本特征是"作者付费发表，读者免费使用"，作为一种学术信息共享的自由理念和出版模式，具有成本低、传播广、获取便捷等优点。开放存取期刊保留了传统期刊的价值，宗旨是通过互联网实现学术成果的广泛传播和共享的专门出版物，使任何人均可在任何时间、任何地点，不受经济状况的影响，平等免费地使用学术成果，满足广大科研人员的需求。

免费获取的概念是区分开放存取期刊和非开放存取期刊的主要因素。开放存取期刊按照其经济基础与传统的以订阅为基础的（非开放存取）期刊不同。在开放存取模式下，作者和研究机构或研究基金会需要负责支付学术信息传播的费用，这与传统图书馆订阅模式不同。表3-2展示了不同期刊类型和存取方式的差别。

表3-2　　开放存取期刊与电子期刊的差异

	开放存取期刊 （对读者免费）	非开放存取期刊 （订阅型）
电子版本	□大多数开放存取期刊 □无订阅费用 □出版费 □作者拥有版权	□基于传统订阅型电子期刊 □订阅费少于纸质版本期刊 □无出版费用 □出版商拥有版权
纸质版本	□仅理论上必要的形式 □无订阅费用 □出版费 □作者拥有版权	□订阅费 □无出版费用 □期刊出版的传统类型 □出版商拥有版权

开放存取期刊以其快速发表、易于交流、方便阅读和新颖的编辑出版方式、传播媒介等优点，与传统科技期刊论文相比，作为"新媒介"的开放存取期刊，在组稿、编辑、出版、发行等方面均有无法比拟的优势，两者的比较如表3-3所示。

表3-3　　开放存取期刊相比传统期刊的优势

	开放存取期刊	传统科技期刊
附着载体	电子网络型	纸质印刷型
投稿方式	网上投稿	纸质邮递
编辑加工 排版校对 用户与编辑交流	方便、快捷、高效	时间慢、周期长、低效
出版及成本	程序简化，成本低	程序烦琐，成本高
传播方式	通过网络，范围广	期刊订购，地域有限

续表

	开放存取期刊	传统科技期刊
传播效率	时效性高，易检索	速度较慢，不易查找
出版形式	多媒体，多维化	平面文字，简易图片
出版费用	作者付费	读者付费
储存方式	信息量多，储存空间大	信息量小，不易大量保存
交互性	开放评议	无交互性
版权所有	作者自己	出版商

通过以上对比分析可以看出，开放存取期刊具有以下特点：信息数字化，在线出版和传播，用户可以免费获取、使用，用户享有宽泛的使用权限。

三 学术影响力

（一）学术影响力内涵

关于学术影响力的内涵研究，学术界尚未统一。我们将学术影响力定义为对学术论文引证次数的一个测度，学术论文在某个时期内对其研究领域的活动的影响范围和深度的反映，主要表现形式有发表刊物、论文类别、被转载、被引用、收录以及获奖等。科技期刊的学术影响力是以期刊的学术水平、学术特色为根本、以社会信誉度与读者认可度为标志所体现出来的一种综合性效果，它与学术期刊的质量、特色以及社会信誉度和读者认可度密切相关，期刊的学术质量是学术期刊能否产生影响力的基础，期刊最终被用户关注的程度是产生影响力的动力源，决定着科技期刊学术影响力的大小及有无。

（二）学术影响力作用

科技期刊的学术影响力是一个涉及学术成果质量、社会实践影响力、读者接受度、社会认可度等多方面因素的复杂现象，是某一学术期刊以学术水平与特色为根本、社会信誉度与读者认可度为标志所体现出来的一种综合性效果。学术期刊影响力在很大程度上取决于学术期刊的社会信誉度与读者的认可度。其社会影响力和读者认可度则是学术影响力的派生物，是由学术影响力决定的，学术影响力大则社会影响力就大，越易受到学术界的关注，越易被更多的专家、学者阅读、接受。期刊的学术影响力是一个期刊生存与发展的根本，受到学术界每一个参与者的高度关注。某期刊的学术影响力高，除能够发挥其更大的传播科技知识与学术交流功能之外，该期刊编辑与主办单位都会高度重视，随即扩大读者范围，增加读者数量，作者在评奖评优、职务晋升等方面也会颇为受益。

四　开放存取期刊学术影响力

开放存取科技期刊具有出版量大、时效性强、利用率高、传递速度快、信息连续、学科面广、内容丰富等特点，已成为一种有别于传统科技期刊的重要信息源，以及学术交流与知识传递的数字化学术资源。由于开放存取期刊与传统科技期刊在出版方式、技术环境与传播媒介等方面的不同，开放存取期刊的学术影响力与传统期刊学术影响力之间也存在一定的差异，那么，衡量传统科技期刊学术影响力水平的标准已不再完全适用于分析开放存取期刊的学术影响力。比如，传统科技期刊学术影响力与其是否被国际权威数据库收录、其学科地位、等级排名存在一定的联系，但大部分的开放存取期刊处于形成阶段，需要一定的时间来发展，可能还不具有2年或5年影响因子，也衡量不出其是否为本学科的核心期刊，更不会被国际著名检索系统所收录。因此，我们在对发展较为成熟的传统科技期刊学术影响力的分析基础上，探索影响开放存取期刊新兴模式的学术影响力相关因素。在传统科技期刊向开放存取期刊评价的转换过程中，我们发现，学术期刊的定位主体由计量专家扩展为受众模式，使除评审专家以外的任何读者也都有权参与对作者成果的衡量，因此，增加了开放存取期刊学术影响力的社会影响层面；同时，结合开放存取期刊自身的特点进行探索，开放存取期刊学术影响力单一的衡量也转换为包括开放存取期刊的创新影响与传播影响等多方面因素。综上所述，开放存取期刊学术影响力即对开放存取期刊某个时期内引证次数的一个测度，以及通过创新影响、社会影响、传播影响等范围对开放存取期刊在其研究领域里活动的影响深度与接受广度的反映。

第二节　开放存取期刊学术影响力理论基础

一　学术交流过程模型

开放存取期刊数量的增加引起了学术交流模式的改变，基于对学术交流过程模型的分析，探索开放存取模式是否引起了学术交流过程中基本机构的变化。其中，"过程"与"结构"是了解学术交流的主要途径。"过程"是指利用与传播科学知识，而"结构"是指基于利用与传播对知识的创造和构建。利弗罗（Lievrouw）把"结构"定义为某一领域中学者间的关系网络，博格曼（Borgman）认为，学术交流中的"结构"还包括另一层含义，如研究型大学、图书馆和出版机构。对于过程的研究集中在科学社会领域中的信息研究范畴，而对于结构的研究分布于社会领域中的信息研究、文献计量、网络计量研究范畴。学术交流的概念在大量从不同角度出发的模型构建中具体化。

（一）信息链模型

信息链也称为信息流和信息传递，被定义为"人类交流的制度和信息的文献结构"，此模型强调了出版物与相关文献。麦肯齐·欧文（MacKenzie Owen）提出了最简单的信息链模型，他对此信息链模型的构成阐释为特殊的角色（如知识创造、出版、存档和使用）和执行这些角色的主体（如研究者、研究机构、出版商、图书馆和使用者）。如图3-1所示。

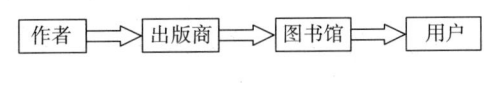

作者 ⟹ 出版商 ⟹ 图书馆 ⟹ 用户

图3-1　传统信息链模型

多数现存的模型都起源于信息链，但传统信息链模型主要针对学术交流过程中的角色主体进行探讨，已经不能完全适用于开放存取环境下的学术交流模式。

(二) UNISIST 模型

基于信息链的模型有很多，这些模型展现了信息流或信息周期。其中，UNISIST 模型研究的出发点是科技信息。此模型能够区别一次、二次和三次文献与服务。学术交流的参与者包括信息生产者、使用者和信息中介；并通过三种渠道交流科研成果：非正式交流渠道、正式交流渠道和表单渠道。UNISIST 模型为科学交流的深入研究提供了通用框架模型，与其他模型相比，UNISIST 模型更具有扩展与更新的潜力，如图 3-2 所示。

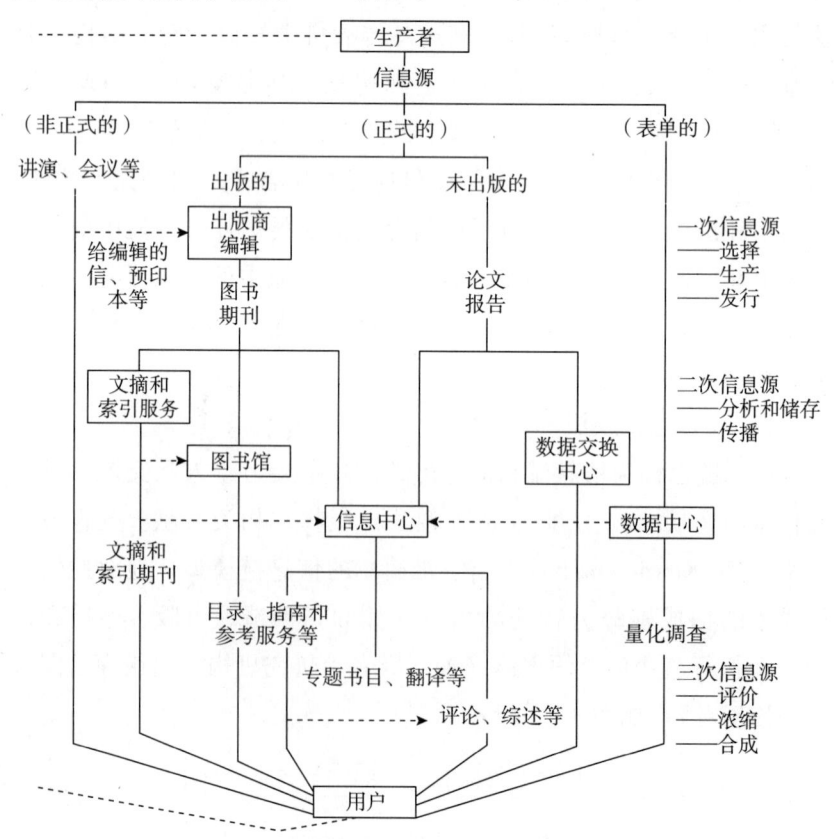

图 3-2 UNISIST 学术交流模型

然而，此模型主要的特点是针对不同资源与服务，过程中体现的学术交流功能较少。随后建立的大部分模型都存在这类问题，模型主要集中在自身创建，而并非提供学术交流功能，但加维—格里菲思（Garvey-Griffith，G—G）学术交流过程模型是一个特例，成为公认的分析学术交流变化的最佳工具。

（三）加维—格里菲思模型

格里菲思从不同的角度区分了过程、结构与环境的概念，其研究使用不同的文献框架和科技交流，描绘了一个广义的学术团体内部传播过程模式图，此研究提供了对科技交流过程机制最为详细的描述。起初，格里菲思学术交流模型始于一项心理学的科学信息交流计划，目标是努力用心理学去描述学术交流过程，确定信息链模型中人和角色体系之间的关系，后来通过实证研究渐渐浮现，扩展到其他一些学科，这种基于心理学对科研人员进行观察研究，试图勾勒出研究人员的交流过程，从而引发了著名的加维—格里菲思学术交流模型。加维与格里菲思确定了科学信息交换的四个基本过程：信息源头、传递、储存和利用，提出了与这四个过程关联的三个角色：资源、用户和信息，具有传递和储存功能的运输设备，大致如图3-3所示。

从图3-3中可以看出，加维与格里菲思在成果初期到期刊发表的全程中，将重要的价值放在非正式交流上。非正式交流表现为有少部分观众的报告形式，大量有限的观众、科技报告的预印本、手稿预印本、讨论会与学术会议等。加维描述非正式交流领域的建构生命周期较短，缺乏稳定性和真正的交互性，易存在资源重复现象，而正式渠道的期刊资源经过同行评议冗余较少，但时间周期较长。加维与格里菲思还发现，科研人员或作者一旦研究报告被正式出版物接受，就不再使用非正式的途径进行积极的传播。针对加维—格里菲思模型的许多扩展及更新在不同文献中呈现，展示了一系列以加维—格里菲思作为起点的学术交流过程模型。

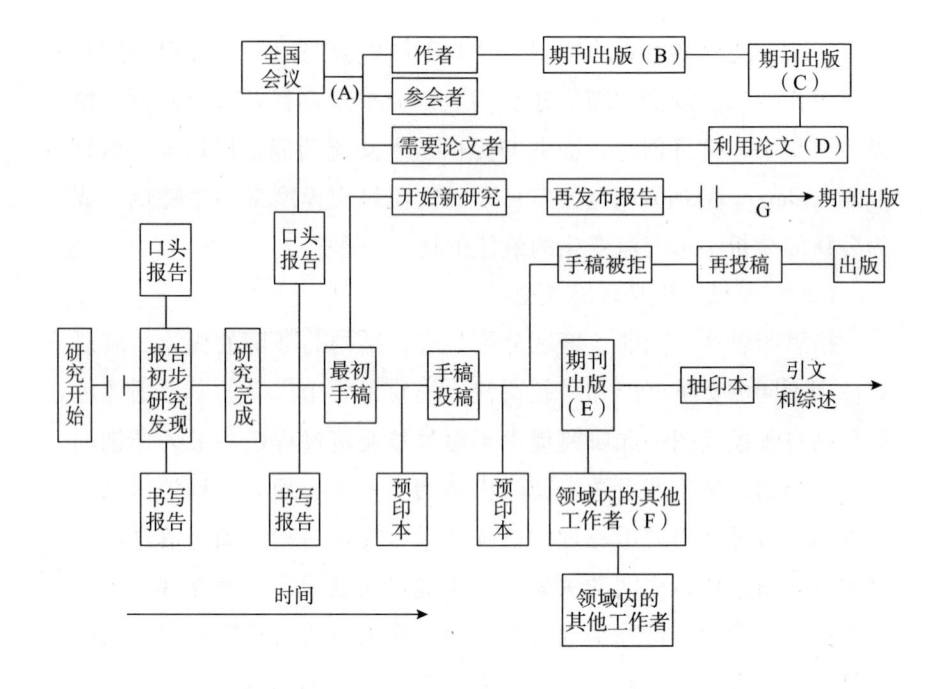

图 3-3 G—G 学术交流系统模型

二 开放存取期刊学术交流过程模型

基于学术交流过程的不同构成的模型有着相似的元素,但是,在使用与关联的时候元素功能上却有显著差异。考虑到数字环境对科学交流带来的变化,我们需要针对互联网上出现的电子出版物等数字化要素进行分析,重新对加维与格里菲思提出的学术交流过程模型进行数字化改进,将信息科技发展环境下引入的新兴开放存取交流模式纳入模型结构中,包括开放存取期刊与互联网上出现的自存档、机构库等学术交流模式,从而提出开放存取期刊学术交流过程模型,大致如图 3-4 所示。

此模型聚焦于信息链功能,知识通过组织者传递给用户,或者说从生产者到消费者,分析开放存取期刊资源产生、传播和利用的全过程。此模型包括非学术出版物的传播,各部分在它们各自的角色情境下,定义模式和责任的内容、适应渠道的特征与观众的需求,从而完成特殊功能。针对科学信息交换的信息源头、传递、储存和利用基本过程,提出与交流过程关联的角色主体,分别为合作者(研究机构)、生产者(作者)、学术成果(论文)、出版载体(网站)、电子期刊(开放存取期刊)、传播媒介(网络)与用户(读者)。此模型从角色主体的角度确定了科研人员的学术交流过程,检验了新兴信息科技的角色,并探索了角色主体促进学术交流系统改变的机理。

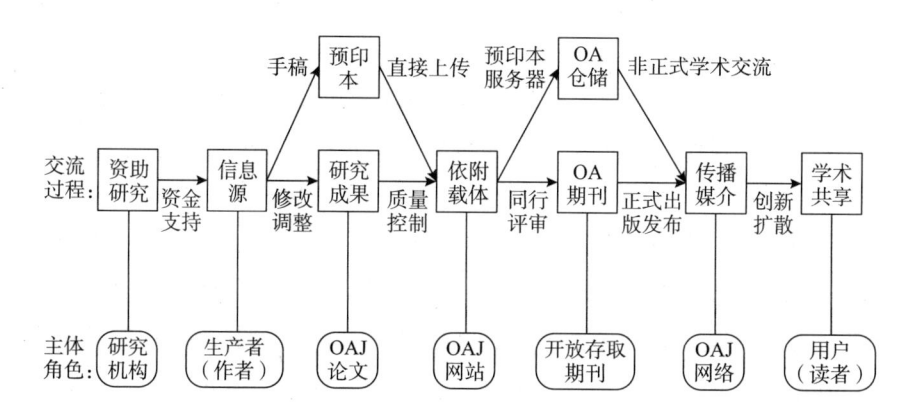

图3-4 开放存取期刊学术交流过程模型

三 基于引文理论的开放存取期刊学术影响力分析

引文理论能够阐明由于开放存取模式导致的学者间的引用行为,即所谓的 OA 引文优势。尼古拉森(Nicolaisen)认为,如果要理解引用影响的本质,我们必须明白引文影响的本质。如果要理解引文影响的本质,就必须用引文理论来解释为什么作者以此种方式进行引用。学者引用文献是否主要通过可用性标准,这将对每个依赖文献的使用或以引文为分析目标的研究产生影响。博恩曼和丹尼尔(Bornmann and Daniel)将关于引文理论的争论归纳为两个所谓的对立问题,即规范理论和社会结构理论,两者是存在于学术交流过程中引文分配的两个对立面。

（一）基于引文规范理论的开放存取期刊学术影响力分析

引文规范理论认为，科学是由内部奖励与赞许构成的规范制度。引文在学术交流过程中从一种特殊的数据量化成为代表科学文献的知识影响。根据引文规范理论，引文是不会被个人因素所影响的，而是根据科学的方法进行奖励机制。也就是说，引文规范理论支持知识内容和文章质量主导了科学发展的观点，而社会元素可能仅仅扮演了一个小角色，他们对科学的最终产出没有产生一定的影响。因此，论文内容与期刊质量成为适当衡量学术影响与绩效的重要因素。

很明显，开放存取期刊的出现为学者提供了易获取学术资源的途径，而且科研人员必须在能够获取学术资源的基础上，才能够阅读、使用及确立正确的引证关系，也就是说，引文规范理论容纳了少量的开放存取期刊引文优势，但开放存取期刊增加的可用性并不是提高引文影响力的合理原因。一般引用易获取的文献仅仅是因为容易获取，真正的引文影响力是客观的，是在学术交流结构中围绕引用知识的义务而建立的，所以，引文规范理论容不得开放存取期刊将增加可用性作为获取引文影响的原因。而基于引文规范理论，开放存取期刊学术影响力的增加与否是由开放存取期刊自身质量与所附载的论文内容决定的，即开放存取期刊学术影响力与开放存取期刊自身影响力和开放存取期刊论文影响力相关。

（二）基于社会结构理论的开放存取期刊学术影响力分析

社会结构理论与引文规范理论之间存在明显的差异。诺尔—塞蒂纳（Knorr-Cetina）把社会结构观点描述为"一个彻底的科学社会情境"。如果引文确实仅基于科学价值，不与其他的科学属性相关联，那么没有理由质疑科学奖励结构。然而，如果其他的科学属性在引文分配中扮演着重要的角色，那么，规范性主义的标准可能不是学术资源如何演进的准确映射。

社会结构主义者认为，普遍主义的规范被社会系统而扰乱。他们认为，学者使用引文作为说服的工具，而不是作为知识价值的指标。他们主张影响力的分布主要基于"他是谁",而非"他说了什么"。因此,论文或作者被引的程度不是由于论文内容和质量反映出来的后致性过程所带来的结果,而是作者声望和其他科学角色的先赋性过程在起作用。

开放存取期刊的可用性是许多可能被引用的因素之一,形成了社会结构主义者对规范理论批判的争论。社会结构理论支持开放存取期刊论文内容不是最重要的观点,而作者影响在科学层次系统中所占据的位置才是首要的。社会结构理论拒绝引文代表开放存取期刊学术影响力的假设,认为引文是科研人员用来说服读者增加其可信度的体现。如果两个科研人员在不同开放存取期刊中表达了同样的想法,多数人认为,要更倾向于两者之间名望更大的科研人员。同时一个作者的成果在科学交流系统中,没有被其他学者所关注,那么我们就要质疑它易于出现的价值。由此,基于社会结构理论,我们认为,开放存取期刊学术影响力与作者影响之间存在相关性。在开放存取期刊获得引文的过程中,功能不同的作者属性,如作者性别、国籍、社会关系及学术地位等都是影响引文分配的主要因素,构成了开放存取期刊作者影响力。

四 基于创新扩散理论的开放存取期刊学术影响力分析

最初的扩散研究始于1903年,法国社会心理学家加布里埃尔·塔德(Gabriel Tarde)。创新扩散理论为新兴事物的发展和接纳提供了一个社会系统的理论框架。扩散研究集中于创新是怎样(扩散过程)和为什么(接纳研究)扩散的,这种研究包括解释变量怎样和为什么影响用户接纳新型的信息媒介。创新扩散理论被用在信息科学研究里的学术交流领域,聚焦于扩散过程和接纳研究。对此的研究还比较少,本书将尝试以创新扩散属性为基础来填补对开放存取期刊影响研究的空缺。

(一)基于扩散过程的开放存取期刊学术影响力分析

创新扩散的概念早期被克兰(Crane)用在她的"隐形大学"研究中,后在Kajberg的研究中,扩散是指丹麦图书馆和信息科学来自国外的国际扩散。在计量学领域中存在大量的扩散研究，与学术交流结构的范畴相吻合，这些计量学研究率先使用了创新扩散的概念，而且它们集中于创新扩散过程是怎样发生的。

罗杰斯（Rogers）的扩散理论解释了扩散在社会系统发生影响的过程，罗杰斯描述扩散为"在社会系统中的成员通过某种渠道交流的创新过程"，电子期刊的接纳可以从创新扩散理论角度进行测度。理解创新作为社会系统内部的事件非常重要，就开放存取期刊出版的扩散而论，其创新存在不同的分类，如出版角色创新、文件结构创新、研究有效性创新、出售与价格创新、存储创新。其中，开放存取期刊创新的每一个分类都有一些合适的元素，这些创新在用户接受的基础上进行不断扩散。因此，开放存取期刊这种电子出版物可以视为被用户接受的创新，对于开放存取期刊学术影响力的扩散，是基于读者影响力的接纳基础上的扩散。

（二）基于接纳研究的开放存取期刊学术影响力分析

罗杰斯在研究人们为什么接纳创新时，确定了五个认知的创新属性：相对优势、兼容性、复杂性、可行性和可观察性。这些创新认知属性，除了复杂性与接纳创新呈负相关关系，其余属性均与接纳创新呈正相关关系，通过这些属性来调查开放存取期刊的创新接纳。

关于开放存取期刊的接纳研究，我们通过潜在的相关优势、兼容性、复杂性、可观测性和可行性等属性，探索关于开放存取期刊网站的影响。相关优势包括影响附加服务的因素，比如搜索工具、浏览界面和链接；兼容性是对期刊的印刷版本保有程度进行估测；复杂性是对高级检索的优化进行评价；可观察性是对识别期刊名称唯一标识的可能性做估测；对可行性没有特别的检测，因为所有的电子出版都是同样可试验的。因此，基于接纳研究，开放存取期刊网站属性在实践过程中与开放存取期刊学术影响力存在相关关系。

五　基于网络信息计量理论的开放存取期刊学术影响力分析

20世纪90年代末，丹麦皇家图书情报学院阿尔明德和彼得·

英沃森（T. C. Almind and Peter Ingwersen）首先提出了"Webometrics"的概念，构建了网络信息计量学的基础概念体系，标志着网络信息计量学的诞生。网络信息计量学是采用数学、统计学等各种定量研究方法，对网上信息的组织、存储、分布、传递、相互引证和开发利用等进行定量描述和统计分析，以便揭示其数量特征和内在规律。

（一）基于网络链接分析理论的开放存取期刊学术影响力分析

网络计量领域逐渐出现了丰硕成果，网络链接分析理论可谓最为成熟，应用也最为广泛。其定义为：以链接解析软件、统计分析软件等为工具，用统计学、情报学、拓扑学的方法对链接数量、类型、链接集中与离散规律、共链现象等进行分析，用于网络中信息挖掘及质量评价的一种方法，主要包括链接理论、链接分类与统计理论、链接分析指标及链接分析与引文分析之间的关系。

开放存取期刊在网络学术传播环境下，受文献计量学中的期刊影响因子概念启发，引出网络影响因子的概念作为开放存取期刊学术影响力的衡量指标，用来分析一定时期内关于开放存取期刊的被引用情况。因此，基于链接分析理论的入链数、出链数、网络使用因子及链接倾向等因素，成为探索开放存取期刊学术影响力中网络传播影响的相关因素。在网络学术信息交流环境下，链接分析层面只是开放存取期刊网络影响力的一个方面，网络引用分析层面也是影响开放存取期刊学术影响力的组成部分，表现形式比链接分析更为直观。

（二）基于网络引文分析理论的开放存取期刊学术影响力分析

哈纳德和卡尔（S. Harnad and L. Carr）认为，是文献引文催生了链接，所以，在一定程度上说网络引文属于链接分析的范畴。后来，经研究发现，网络引文的功能更倾向于传统引文，因而网络引文分析逐渐从链接分析的研究中独立出来。直到近几年才有学者提出将网络引文纳入网络信息计量学学科体系。网络引文分析开创了一种新的研究思路，证明了文献计量学的经典概念和研究方法可以被成功地应用到网络信息的研究中。

在网络化学术资源交流环境下,开放存取期刊的引文覆盖面更广、检索入口更多,引文数量通常高于传统引文数量,有助于进一步细化学术资源群。因此,在一定时期内,网络引文分析是对传统引文分析的一种有力补充,那么基于网络计量学理论的开放存取期刊学术影响力的探索,可以扩展网络影响力的相关因素。同时,传统科技期刊引文数据库收录比例较小,指标可用范围有限,其学术影响力衡量的滞后性也不完全适用于依靠网络媒介快速传播的开放存取期刊。由此,基于网络引文分析理论,开放存取期刊学术影响力的探索可以增强对开放存取期刊网络影响力评价。

第四章 开放存取期刊学术影响力理论模型构建

学术期刊影响学术成果,作为一个系统能将论文分成不同质量等级;作为一种传递方式,能向感兴趣的读者传播相关领域研究情况。学术成果开放存取创新了学术交流的出版方式,但也增加了过量的信息负担,科研人员在海量的信息流中难以阅读所有的相关领域学术成果,学者对期刊或论文的引用行为变得复杂。在众所周知的引文偏见现象下,用引文数量来测度影响力大小变得越来越有争议。以客观方式来明确期刊质量的标准,不是不可能,但存在很大难度。一种普遍的处理这些方法论复杂性的途径就是集中期刊中论文的显著特征,并追溯论文生成的影响。那么,明晰影响开放存取期刊学术影响力的关键因素就成为评价期刊价值的首要问题。

第一节 开放存取期刊学术影响力关键影响因素分析

本书基于学术影响力的内涵与开放存取期刊的特殊属性,根据第三章分析的学术交流图谱、引文理论、网络计量理论与创新扩散理论等,以及在分析先前学者研究成果的基础上,对开放存取期刊学术影响力的关键影响因素进行深层次分析。针对学术交流过程图谱中的每一个角色,我们将引文获取的决定因素之间做广义的区别:①OA 期刊作者影响力因素,如作者数量和名望等;②OA 期刊论文影响力因素，如论文结构与内容等；③OA 期刊研究机构影响力因素，如地理分布和基金来源等；④OA 期刊自身影响力因素，如期刊编委构成和被收录情况等；⑤OA 期刊读者特征，如全文下载量和 IP 访问量等；⑥OA 期刊网络特征，如网络引文量和外部链接数等；⑦OA 期刊网站特征，如网站的系统功能和易用程度等。为更加充分地了解每一个因素，下面我们将做详细的说明。

一 开放存取期刊作者影响力

国内外学者在 OA 期刊作者影响力相关因素方面已有一定的研究，提出了一些观点，本书将国内外专家学者对作者影响力相关影响因素的研究汇总如表 4-1 所示。

表 4-1 作者影响力属性的影响因素研究汇总

研究专家及学者	主要影响因素
斯图尔特（1983）	作者数量、年龄、性别、大学学者
Baldi（1998）	作者数量、作者性别、作者级别、社会关系
van Dalen、Henkens（2001）	合著数量、美国作者
Mark McCabe（2004）	作者国籍、作者获益度
Falagas、Kavvadia（2006）	作者以往成果、作者名望、作者自引率
Kostoff（2007）	作者级别、作者分布
Piwowar 等（2007）	作者团队、作者从属（美国）
胡德华、常小婉（2008）	平均作者数、论文合著率
Lokker、Wilczynski 和 Haynes（2008）	合著数量、作者国籍、作者声望
Akre 等（2009）	通信作者地理位置
曹兴、周密、刘芳（2010）	作者学术地位

本书在归纳、总结国内外学者关于 OA 期刊作者影响力相关影响因素的研究基础上，结合 OA 期刊具体特征与实践情况，提出以下五个方面为 OA 期刊作者影响力的主要影响因素。

（一）作者合著因素

作者的一些属性可能会与他们作品的影响力相关。

有多个作者的合作发表物可能倾向于更有影响优势，最直截的原因在于研究中使用一组研究人员，是体现潜在的互补能力的有效合作构成。合作所带来的优势是每个研究者单独研究所不能获得的。1986年，斯马特和拜尔（Smart and Bayer）的研究表明，多个作者合作的论文确实会更具影响优势，因为合作中的专门化和专业分工是引文累积的最好决定因素，这样，合并了每个作者的力量。因此，合著中的引文是基于科学价值上的主要报酬。其次关注作者数量的原因为合著中每个作者都会带来他们各自领域中的科技关系网，或使同领域网络中的学者认同自己的理念，比起局域外的其他科研人员来说，关系网中的学者很容易引用其学术成果。

（二）作者性别因素

赫尔姆赖克等（Helmreich）研究发现，心理学领域中男性学者发表的成果要比女性学者获得的引文数量多，但奥弗（Over）认为，在同一期刊中的论文，在引文多少上并没有性别差异。费伯（Ferber）认为，男性和女性常常优先选择引用和自己同一性别的作者的文章，这种偏见影响了女性作者的文章在男性主导的领域的相对影响力。

（三）作者国籍因素

个别国籍的作者可能产出相对高影响力的论文，格林沃尔德和舒（Greenwald and Shuh）在1994年的研究中阐述可能由于自己国家或者自己种族优先引用的模式。其中，美国为科技产出的强国，很多新的研究都源自美国，在一些小国家里，特殊化的机会经常受限，大多数国家的研究者可能更多地使用美国作为参考与引用的目标。弗雷和埃肯伯格（Frey and Eichenberger）强调了经济学领域这方面的现象，只有那些不渴望超越本土市场研究的经济学家，才能保证将研究重点放在本土数据的主题上。因此，这种文献使用的不对称支持了以美国等西方发达国家的科学主导者。

（四）作者以往成果因素

越出名或者越多产的作者。佩蒂等（Petty）表示以往具有大量成就的学者，通常可能会产出更有影响的论文，正如他们趋于收到更多来自评论者和编辑的积极评价一样。为理解声望在知识传播上的重要性，查阅社会学之父莫顿（Merton）的成果，他是第一个指出声望效应的存在，声望的功能可以作为质量指示的信号。佐克曼（Zuckerman）在他对诺贝尔桂冠的大量研究上得出了一个相似的结论。两个研究都指出了基于广泛的研究学者中不成比例的学术名望的信用。这种影响现象的偏态分布与莫顿的马斯洛效应相吻合。由于科研人员不能将其研究领域中所有的出版物都通读一遍，莫顿建议学者应该将合理的时间多分配在阅读同行领域中名望较高的学者的成果。这样，马斯洛效应（Matthew effect）便会产生作用，因为在增加了一些文献的可见性的同时，一些不知名作者的成果便很容易被忽视。然而莫顿指出，当马斯洛效应转变成权威的一种形态时，它就扰乱了体现在科学中的普遍性准则，控制了知识的增进。

（五）作者威望因素

社会构成主意者如林赛（Lindsey）所强调的，在学术交流环境中，"声望"扰乱了普遍主义准则，声望作为一种反馈机制使现任者保持了超过外来者的影响，这样，"声望"就阻止了所有学者享有平等的关注机会。社会构建主义者对声望的解释强调了学者比较策略地引用文献。科研人员都认为，有高威望的作者写出的论文更具有可信度。这种可能性被斯图尔特（Stewart）所证实，他认为，这种作用可能不仅反映了被引论文的优质，而且也反映了由于作者的显赫名望，论文优先引用。

二　开放存取期刊读者影响力

科技期刊的重要功能就是传播科技知识，因此能够引起读者关注与阅读的学术论文才具有广泛的影响力。目前，绝大部分读者获取学术期刊具体内容的渠道，已由传统纸质期刊转变为网络上的电子版阅读。而读者在开放存取期刊的网站上，对论文的摘要进行浏览的次数，以及对论文的全文（HTML 或 PDF）进行点击或下载的数量，在某种程度上可以被看作传统的发行数量。

国内外的专家学者，针对读者影响力属性的影响因素的研究情况大致汇总如表4-2所示。

表4-2　读者影响力属性的影响因素研究汇总

研究专家及学者	主要影响因素
珀尼格（2004）	全文阅览（HTML下载）量、前几周内的阅读量
Mark McCabe（2004）	摘要浏览数量、全文下载数量
布罗迪、哈纳德和卡尔（2006）	前两年全文下载量、IP访问量
马丁·理查森（2006）	OA论文下载量、读者态度
秦金聚（2007）	登录次数、同时上线人数
Sotudeh（2007）	开放存取所增加的阅读量
田丽（2009）	用户认同、下载量
侯集体（2009）	用户下载与浏览频率
张积玉（2010）	读者认可度、读者认知
曹兴、周密、刘芳（2010）	读者浏览次数、打印次数、下载次数

本书在归纳、总结国内外学者关于OA期刊读者影响力相关影响因素的研究基础上，结合OA期刊具体特征与实践情况，提出以下四个因素作为OA期刊读者影响力的主要影响因素。

（一）读者全文下载因素

对于传统科技期刊而言，使用发行量这一指标表示市场占有量的大小，以衡量期刊的影响范围和盈利能力，对应于网络环境中，我们便可用下载量，即读者阅读量这一指标进行替代。当然，无论是印刷版期刊的发行量，还是网络期刊的下载量，由于发行量或下载量与期刊的实际使用量并不能严格地画等号，所以，这个指标只能作为参考指标。

珀尼格（Perneger）在2004年研究了1999年发表在 *BMJ* 上的154篇论文，对比了发表前几周的全文阅览量（HTML下载）与5年后的引文量，通过线性回归方法，得出了论文早期读者的阅读数量能够预测5年后该论文引文量的结论。

高宏、游苏宁等从论文被引和下载情况分析了2005—2006年《中华放射学杂志》的学术论文，统计结果显示下载频次与被引频次之间具有一定的正相关关系。

（二）读者摘要点击因素

摘要点击量是指读者在OA期刊网站中，对OA论文摘要进行浏览的次数。作者不必在引用一篇论文前阅读它，但是，作者至少会在信息寻觅过程中浏览摘要。一篇文章的摘要浏览量越大，说明读者对其关注的程度越高，也就是说，被引用的频率可能也会随之增加。因此，在学术传播方式发生根本变化的情况下，摘要的点击量也可以客观地反映学术期刊的受关注程度。

（三）读者页面浏览因素

Godlee认为，页面浏览量和在线量（online profile）对于期刊的学术影响力来说与引文量同等重要。读者页面浏览数量表明OA期刊网站的影响力，因为尽管OA论文存在可用性原则，但读者可能也不会去读，所以读者同时在线寻觅科技文献的过程，表明读者对OA期刊的接受程度，也成为作者成果被引用的一个可能的参考依据。

（四）读者IP访问因素（绝对造访人次）

绝对造访人次体现了读者对开放存取期刊所依附的网站关注程度。绝对造访人次即读者IP访问量，是指期刊网站来访的人数，每一个IP访问者只能代表一个唯一的用户，这样可以避免同一用户多次登录该网站的重复数量。期刊的质量最终决定访问量，期刊的质量高，关注的读者就越多，说明网站推广越有成效，那么期刊的影响力也就越大。

三 开放存取期刊自身影响力

每个开放存取期刊有着不同的期刊声誉、影响因子、发行周期、H指数、使用语种，或是被不同的数据库所收录，有一个不同的关于研究标准的编委政策、拒稿率、编委构成以及同行评议过程和学术领域专门化程度，所以在学术交流下科学群体间存在不同的可见性，这可能是由一个期刊附属的联盟或科学团体的结果。因此，期刊的特性比较关键，对于明晰为什么某些期刊上的论文比其他相似主体的论文，或不同期刊上相同作者的论文，获得更多的关注。也就是说，一篇文章发表在什么样的期刊上，很大程度上决定了文章将来的引文率。

国内外的专家学者针对 OA 期刊自身影响力关键因素的研究情况大致汇总如表 4-3。

表 4-3　　OA 期刊影响力属性的影响因素研究汇总

研究专家及学者	主要影响因素
Baldi（1998）	期刊可见度、期刊质量级别
Petty、Fleming、Fabrigar（1999）	期刊的声望和地位
van Dalen 和 Henkens（2001）	期刊使用语言、审稿团队声望、期刊发行量
霍金斯（2001）	OA 期刊被权威数据库收录情况
Callaham 等（2003）	期刊影响因子、期刊声誉
Mark McCabe（2004）	OA 期刊编辑标准、期刊编辑的审稿能力
罗兰兹、尼克拉斯（2004）	期刊同行评议制度
马休（2005）	网上公开的同行评审制度
马景娣（2005）	OA 期刊被重要数据库收录的情况
刘海霞、方平、胡德华（2006）	OA 期刊影响因子、即时因子、学科分布
Piwowar 等（2007）	OA 期刊的发行量、编委构成
Hall 和 Wilcox（2007）	期刊声望和地位
Liesegang、Shaikh、Crook（2007）	期刊拒稿率、编委构成
刘辉（2007）	OA 期刊被权威数据库收录情况
Lokker 等（2008）	OA 期刊被哪些知名数据库收录
McVeigh（2008）	学科类目的 OA 期刊百分位数排序
McDonald、Cloft、Kallmes（2009）	编辑政策、编辑审稿能力
孙炜（2009）	OA 期刊规模、近两年增长情况、学术质量控制
侯集体（2009）	期刊规划、标准规范化、严格的审稿制度
黄颖（2009）	OA 期刊影响因子、即时因子、SJR、H 指数

续表

研究专家及学者	主要影响因素
Wijnhoven、Dejong（2010）	期刊保有率、编辑政策
文奕、杨宁（2010）	H 指数、被引次数
曹兴、周密、刘芳（2010）	被知名数据库录用、专家评审意见
苏金燕（2011）	OA 期刊主编的学术声誉、编辑部人员结构、审稿制度、期刊录用稿件的来源广度和稿件录用率
张玉祥、吴瑞丽（2012）	OA 期刊学科分布、同行评审
Rajiv Nariani、Leila Fernandez（2012）	期刊出版周期、发行量、在线同行评议

本书在归纳、总结国内外学者关于 OA 期刊自身影响力相关影响因素的研究基础上，结合 OA 期刊具体特征与实践情况，提出以下七个因素作为 OA 期刊自身影响力的主要影响因素。

（一）开放存取期刊被国际权威数据库收录情况

开放存取期刊被哪些知名数据库索引也会影响期刊的受关注程度。因为高质量的学术期刊往往被许多数据库收录，考察 OA 期刊的"被收录情况"，OA 期刊被学科重要数据库收录比例，比例越高说明期刊影响力越大、越重要。几乎所有学者都认为，OAJ 在 PubMed、Scopus、Web of Science 及其他学科数据库中的索引是非常重要的因素。2001 年，霍金斯（Hawkins）调查了 28 份图书情报学领域的电子期刊被 ISA、LISA、LibLit、INSPEC、ERIC、PAIS、SSCI 收录情况以及在 SSCI 中的被引频次，以此来评价 OA 期刊的学术影响力。刘辉将 DOAJ、High Wire Press、PubMed Central 及 BioMed Central 与 Elsevier Science 比较发现，在 OA 数据库中，除 DOAJ 外，其他三者的期刊影响因子都高于后者。马景娣选择图书情报学的 23 种 OA 期刊，利用 Dialog 国际联机检索系统获取期刊被 ERIC、INSPEC、SSCI、PAIS、ISTA、EA、LibLit 收录情况以及被 SSCI 收录论文引用的情况，研究结论认为，D‐Lib Magazine、Ariadne 等 12 种期刊影响力较大。因此，利用数据库的筛选结果对期刊质量进行间接的评价，从 OA 期刊被权威数据库收录的情况可以反映出期刊的重要性。

（二）开放存取期刊出版语种使用情况

开放存取期刊使用的语言也可能制约期刊的影响力。科技期刊所使用的优势语言为英语，因此，研究成果在使用其他语言的情况下，很可能被潜在的读者所忽视。我国科研工作者大多面临英语匮乏的缺陷，尤其对于年龄大和专业性强的科技工作者来说，内容不是问题，英语往往成为国际高被引论文产出的制约"瓶颈"。有些国际期刊为扩大读者范围，通常会以两种及以上的语言出版。由于英语语种的通用性，非英语国家采用英语出版期刊已成为目前国际期刊发展的潮流。

（三）开放存取期刊声望因素

论文所在期刊的声望或地位可能也预测了它的质量和影响。例如，在社会性格心理学领域，*Journal of Personality and Social Psychology*（JPSP）是被公认的杰出学术杂志，并获得大多数的引文。因此，佩蒂等研究认为，高质量的期刊趋于收到更多来自评论者和编辑的积极评价。

（四）同行评议因素

有效的同行评议机制是学术交流的基础，同行评议过程也决定了开放存取期刊的影响力大小。同行评议在学术性的科学研究中所起的规范作用是国际科技界公认最为有效的。科学的社会方面，在审议和编辑接受论文时，一个观点或理念是否有足够的质量引起了科研团体的兴趣。罗兰兹和尼古拉斯等学者对作者 OA 发表意愿的调查研究表明，学术作者对于开放存取期刊同行评议过程的经验都持正向态度，77% 的回答者同意审稿专家的评论，并认为对其论文有帮助和提高，96.2% 的作者认为同行评议存在大量价值，在控制期刊质量的功能上"非常重要"。

（五）研究领域因素

开放存取期刊的研究领域也可能影响期刊的关注程度。在 PLoS

的一项调查研究中，发现研究领域的收录范围不止一次成为学者向 PLoS 投稿的原因。例如，神经生理学期刊因为主编的兴趣在于遗传学领域而改变了录用稿件的关注点，激起了一位学者另寻他刊的想法。另一位研究者决定投稿于 PLoS Medicine 是因为他接受关于健康政策的研究综述，然而，其他重要的期刊会以不符合发表范围为由而拒稿，这样往往会失去很多高被引的论文。

（六）编委构成因素

编委构成可能会影响期刊的影响力。具有完善的编辑委员会或审稿系统，能保证出版质量。编辑的角色不是在接收和拒绝论文的步骤就停止了，他们也影响了期刊发行的论文可见度。各期刊社对编委会的组建特别重视，尽力按照学者化、学术影响力、开放性、学科平衡、责任化和动态化原则，因为期刊编委会成员的学科分布、学历组成和国家地区分布都会影响开放存取期刊的关注程度。有学者表示，曾在这些 OAJ 期刊上读过相关的论文，或是在编委会成员中看到了熟悉的名字，或是被编辑邀请稿件后才开始关注并向此类开放存取期刊投稿。

（七）海外编委因素

开放存取期刊的国外编委数量，对学术资源的影响力起着非常重要的作用。因为不同国家的领域专家是在不同的培养方式下成长起来的，我国评审专家与国外编委在知识结构、思维方式与价值倾向方面存在较大的主观差别，从而对论文评议有各自独到的见解。

四 开放存取期刊论文影响力

论文客观的结构和组织的内容也可以预测它们的影响力，例如，论文长度、作者数量、论题、文章类型、使用语言、参考文献新近性等。国内外学者在 OA 期刊论文影响力相关因素方面已有一定的研究，提出了一些观点，本书将国内外专家学者对论文影响力影响因素的相关研究大致汇总如表 4-4 所示。

本书在归纳、总结国内外学者关于 OA 期刊论文影响力相关影响因素的研究基础上，结合 OA 期刊具体特征与实践情况，提出以下八个因素作为 OA 期刊论文影响力的主要影响因素。

表 4-4　　论文影响力属性的影响因素研究汇总

研究专家及学者	主要影响因素
斯马特、沃尔福格尔（1996）	论文结构、论文排序
施瓦茨（1997）	论文内容的历史导向
Baldi（1998）	论文内容类型、新近程度、引文与被引消逝时间
Van Dalen、Henkens（2001）	论文类型、出版规则、使用语言
Callaham、Wears、Weber（2002）	研究规模、质量分数、报道价值、研究设计
Adair 和 Vohra（2003）	论文图表的数量
Mark McCabe（2004）	OA 论文内容与结构
刘易森和哈特利（2005）	论文题目、研究领域范围
Patsopoulos，Analatos，Ioannidis（2005）	研究设计（流行趋势研究、决策研究、案例报道）
Simonton（2006）	论文中图、表与公式的数量
Falagas 和 Kavvadia（2006）	论文图表数量、论文文献数量
Piwowar、Day、Fridsma（2007）	公众获取资料集，论文顺序
Kostoff（2007）	文献数量、摘要字数、论文长度、研究设计
秦金聚（2007）	内容权威性、出版周期
Kulkarni、Busse、Shams（2007）	论文长度、论题、文章类型
赫德森（2007）	稿件篇幅长度
Lokker（2008）	数据库中期刊的标引和摘要，以及论文篇幅长度
赵丽莹（2008）	论文结构与内容设计
Conen、Torres、Ridker（2008）	样本容量、目的、单一或多中心研究、干预类型
Akre 等（2009）	研究类型（元分析、随机排列、控制实验、评论）
Larivière、Gingras（2010）	论文可见度、引用数量

（一）论文主题因素

论文的主题可能指明学者的研究领域范围，领域越大，被引的可能性就越大。2005年，刘易森和哈特利（Lewison and Hartley）的研究显示，信息量大或是让人眼前一亮的论文题目可以提高论文影响力；冒号在题目中不断出现，被认为冒号表明了学术的复杂和差别。在同一学科领域的研究论文，特别是研究热点领域内的论文，首先被公开发表的论文更有可能引起较大的影响或者被别人引证。

（二）研究类型因素

论文的类型也很重要，原创性研究要比案例研究或社论观点更容易被引，而评论性论文通常会获得更多的引文，所以，论文的类型也可能增加或减少可见度的特征。例如，期刊中除全文论文外，还有研究注释、评论类和回复类文章要比学术论文获得较少的关注，正如这些文章不如全文论文的贡献大。然而，在全文论文间，我们将关注由科学团体和联盟出的显著论文，比如演讲稿或特约稿。演讲稿通常被视为对那些成为学术团体高级人物的一种酬谢。这些报告通常是由著名的学者回顾一下该领域的发展，这些论文可能要比常规的论文被引频次多，因为这种类型的论文总结和提供了某研究领域的一个角度，聚集了某一学科的重大事件。

（三）篇幅长度因素

论文的长度可能包含影响论文可见度的差异。2007年，赫德森（Hudson）提出，篇幅较长的论文可能会更有实质贡献，包含更多的研究结果，或者获得更多的引文。如果个别文章篇幅特殊，期刊编辑有权对授权出版的稍长论文进行裁决，同时，如果他们认为主题不需要稿件篇幅这么长，他们也有对缩减论文篇幅的完全的判定权力，甚至他们有权将论文归入注释一栏中。论文长度的潜在说明力被拜尔（Bayer）强调在引文分析上，他发现，发表论文的长度和随后的引文数量正相关。他的结论的缺点是这种相关是基于双变量分析的，而不是用比较适宜的多元分析方法。

(四）图表数量因素

阿代尔和沃拉（Adair and Vohra）在 2003 年的文章中指出，多图表的论文往往会吸引更多的相关引文；论文中图与表出现的数量通过反映更大量的实际贡献或陈述清晰度，可以预测论文的影响力，尤其是图表可以预测影响力，引文图表显著是硬科学的特征，这往往会吸引更多的相关高引文率。

(五）参考文献因素

道格拉斯（Douglas）认为，论文的参考文献可能影响其被引频次，因为参考文献的新近性可能与论文的热门程度相关。论文的参考文献可以预测影响，越是包含广泛的文献，其影响就有可能出现在非常充实的、综合的及深远的论文中。论文引用一些最近的文献可能会特别有影响力，因为这表明论文讨论的是一个热门话题。参考文献的新近性是科学硬度的一个关键特征，并且与预测了先前研究的被引次数。

(六）历史导向因素

论文内容的另一个方面是关于它们的历史导向。一些研究表明，历史学科和其他社会科学间的引文实践有着广泛的不同。最新研究表明，91%的史学论文仍未被引用，这种未引率大大超过了社会学科的49%。在此发现基础上，综合考德威尔（Caldwell）印象，美国学术对历史性人口的分析有着相对较弱的导向，由此假设带有历史导向的论文将会较少被引。

(七）论文排序因素

论文的排序可能影响其被引次数。论文在期刊中出现的顺序可能反映了编辑对文章质量程度的感知，决定哪些文章应该成为本刊的核心部分。斯马特和沃尔德福格尔（Waldfogel）对一部分经济学领域的核心期刊进行研究，结果表明，发表在前面的论文通常要比出现在期刊后面的论文被引频率要高。当论文放在期刊中显著的位置时受到关注的另一个原因，可能与科研人员浏览期刊习惯有关，前面的文章要比后面的文章看的人多。

(八) 实验设计因素

在特定的时间与空间内，特别的研究设计可能具有相对的影响优势。不同的研究方法可能与论文的影响力相关，例如，2005年，Patsopoulos 等证明，在健康科学领域，比较特别的研究设计要获得高于平均数量的引文。

五　开放存取期刊机构影响力

国内外学者在 OA 期刊作者机构影响力相关因素方面已有一定的研究，提出了一些观点，本书将国内外专家学者对机构影响力相关影响因素的研究汇总如表 4-5 所示。

表 4-5　　　　机构影响力属性的影响因素研究汇总

研究专家及学者	主要影响因素
Baldi（1998）	机构（大学）威望、地理分布
Kostoff（2007）	机构数量、机构类型
Kulkarni 等（2007）	产业基金、产业支持结果、机构位置
Conen 等（2008）	机构声誉、基金来源
曹兴、周密、刘芳（2010）	机构基金项目资助

本书在归纳、总结国内外学者关于 OA 期刊作者机构影响力相关影响因素的研究基础上，结合 OA 期刊的具体特征与实践情况，提出以下四个因素为 OA 期刊作者机构影响力的主要影响因素。

(一) 机构数量因素

研究机构支持数量可能与开放存取期刊的学术影响力存在正相关关系。因为支持开放存取期刊的机构越多，整体的力量就越大，说明期刊的影响范围也越广，从而受到用户群体的关注就越大。

(二) 机构声望因素

作者所属机构的权威性可能与高质量和高影响力相关。社会研究机构往往备受学者关注，论文作者隶属不太知名的学术机构，可能就不会获得更多的关注。相反，若一篇科技论文来自较为权威的研究机构，往往就能够获得更多的关注与信任。这可能因为声望较高或相对权威的研究机构往往会雇用更专业、更资深的研究人员，产出的科技成果更具有科学性与先进性。

（三）研究机构基金来源

Conen 和 Kulkarni 等认为，还有一些机构化的外在影响，比如基金来源。权威、专业的研究机构，在申请资助研究经费时具有良好的软、硬件条件和研究资源，通过审查工作能够获得良好的支持优势。研究机构若拥有充裕的研究经费，在一定程度上占有很大的研究优势，从而促成高质量学术论文的产出，这就可能促成学术成果更具影响力，尽管在过去的研究中资金资助与被引次数无关。

（四）研究机构国家广度

研究机构的地理分布也会影响学术成果的被引用情况。从全球局势来看，美国主导了每一个科学领域，顶级期刊都是由美国机构作者所占据，这种学术主导意味着不仅美国研究者控制了科学产出标准，而且他们也塑造了科技研究方向。依照合理性来评测研究机构的学术成果，他们将首先考虑查阅同一国家或地区的成果。美国作为社会科学的技术领导者，而且大多多产的研究机构都分布于美国，以此来看，在实证科学中以美国为导向的研究倾向将在论文的引文频次中出现。

六　开放存取期刊网站影响力

对于开放存取期刊，期刊所在网站充当了传统纸质期刊及其发行渠道的功能，因此，期刊网站是网络期刊的突出表现，也是网络期刊建设过程中应该关注的焦点。进行科技期刊评价时，其传播依靠的主体就是期刊建设的网站，其性能一定程度上决定了期刊及论文的影响力。

国内外学者在 OA 期刊网络影响力相关因素方面已有一定的研究，提出了一些观点，本书将国内外专家学者针对网络影响力属性相关影响因素的研究情况汇总如表 4-6 所示。

表 4 – 6　　网站影响力属性的影响因素研究汇总

研究专家及学者	主要影响因素
L. Vaughan 和 M. Thelwall（2003）	网站内容、网站年龄、网站功能
秦金聚（2007）	网站系统稳定、内容规范、检索界面友好、功能齐全、允许用户免费使用
张红芹（2008）	界面友好、设计规范、资源可靠、安全稳定
侯集体（2009）	设计规范、交互易用、传播高效、功能完善
苏金燕（2011）	网站的易用性、检索系统性能、浏览及检索速度、期刊论文文摘及论文格式、过刊论文的完整性
陈晓琴（2012）	网站的权威性、时效性、易用性、完整性和可用性

本书在归纳、总结国内外学者关于 OA 期刊网站影响力相关影响因素的研究基础上，结合 OA 期刊的具体特征与实践情况，提出以下三个因素作为 OA 期刊网站影响力的主要影响因素。

（一）网站界面因素

丰富期刊网站的内容，可以吸引更多链接和更多的访问量。期刊网站规范性包括网站界面是否友好、版面设计是否方便合理，以及相关操作或服务是否清晰易用。网站上论文格式，执行学术规范，设计者能使用图表、图像、视频、声频等准确、详尽地展示文章内容与作者观点。网站界面结构布局合理、信息规范可靠，用户回访率和使用率才会比较高。

（二）网站功能因素

期刊网站功能包括期刊网站导航是否有期刊介绍、文章搜索、作者指南、提交文章等基本功能，其浏览、建设与查找等可满足用户的基本使用需求，也提供高级搜索、浏览次数最多的文章等栏目，各个学术期刊由于其内容和针对性的不同，会为用户提供特殊服务来满足其某方面的特殊需求。OA 期刊网站功能多样，满足用户日常交流，才能使学术沟通更加快捷有效。

（三）网站系统因素

开放存取期刊完全借助于网络进行运作、传输，这就要求最好拥有独立的网站，运行性能稳定，保证网站对用户的点击反应快速，链接准确，保证网站内容更新及时并连续。稳定而安全的系统，不会受外界病毒或木马干扰，是由网站强大的安全控制机制来实现的，这是该网站质量保障的前提。网站系统稳定、信息检索快速有效，也是用户衡量网站传播影响力的关键所在。

七 开放存取期刊网络影响力

网络的开放性使其信息质量难以得到严格控制，由于期刊所处环境的变化和指标体系结构的差异，有些新的元素也会影响到学术论文的影响力，因此，在动态评价过程中，也要相应地加入新指标。国外学者指出，对于具有多属性的开放存取研究成果，采取将网络指标和传统指标相结合的方法进行评价是十分必要的。

国内外学者在 OA 期刊网络影响力相关因素方面已有一定的研究，提出了一些观点，本书将国内外专家学者针对网络影响力属性相关影响因素的研究情况汇总如表 4-7 所示。

表 4-7　　网络影响力属性的影响因素研究汇总

研究专家及学者	主要影响因素
Ingwersen（1998）	相关网页数、网络影响因子
Thomas 和 Willett（2000）	网络影响因子
Vaughan 和 Hysen（2002）	外部链接数、站内链接数
邱均平和安璐（2003）	外部链接数、网络影响因子
Vaughan 和 Shaw（2004）	网络引文量、站内链接数
屈卫群（2005）	网络影响因子
Smith（2005）	网络期刊的链接数
张洋（2006）	网络文献量、网络引文量
Noruzi（2006）	外部链接数、网页总数、外部影响因子
Leslie Chan（2008）	链接量、网络引文量
张红芹（2008）	网络文献量、外部链接数

续表

研究专家及学者	主要影响因素
邓李君（2009）	网络反向链接数、网络流量
侯集体（2009）	网络载文量、网页链接频率
陈铭（2010）	超文本链接数、域名数、网络影响因子、相关网页数、网页的引文耦、网页的同被链数
严真（2011）	网络影响因子、网页数、链接数
苏金燕（2011）	网络文献量、网络影响因子、外部链接数、开放存取资源搜索引擎中的排名

本书在归纳、总结国内外学者关于 OA 期刊网络影响力相关影响因素的研究基础上，结合 OA 期刊的具体特征与实践情况，提出以下六个因素作为 OA 期刊网络影响力的主要影响因素。

（一）网页数量因素

网页数量反映了 OA 期刊网站的信息拥有量，也是 OA 期刊网站的显示度。从理论上说，一个网站拥有的信息量越大，其被检索和利用的概率就越大。

（二）网络文献因素

网络文献量是指开放存取期刊发布在期刊网站上的论文题名、摘要或全文的数量。一般而言，OA 期刊的网络文献量越大，说明该 OA 期刊稿源丰富，影响面广，受众广泛。有学者研究指出，开放存取期刊稿件平均录用率为 50% 左右，从考察 OA 期刊的学术价值角度出发，期刊网络文献量的多少，在一定程度上表明了开放存取期刊受用户认可的程度和影响的广度。

（三）外部链接因素

在网络环境下，特有的链接指标是指某期刊论文被其他论文链接的次数。引入链接指标会使评价活动变得复杂，但也会更加科学和客观。其中，外部链接数是指某 OA 期刊网站范围外与该网站存在链接的网页数，该指标能够客观地反映网站的影响力和辐射力。

（四）站内链接因素

站内链接数是期刊网站站内链接的数量，直接反映期刊网站信息的交互性或获得性，有助于提高站内信息的利用率，反映了网站内部结构的完备性，也间接地反映了网站的性能和期刊的学术质量，表明了开放存取期刊的整体质量和影响力。

（五）网络影响因子

1998年，英格沃森提出了WIF，与IF相似，WIF由指向某一个网站的链接数除以该网站拥有的网页数得出。WIF的提出给OA期刊的评价提供了一种新思路。

（六）网络引文因素

网络引文量，是指开放存取期刊的即时被引数量。Leslie Chan根据OA期刊在互联网上的电子文本的出版形式，提出了网络计量指标的构想，如网络点击量、PDF下载量、链接量和网络引文等指标，但没有进行数据统计分析。

以上通过在开放存取学术交流的理论支撑与此领域先前学者的研究成果的基础上对开放存取期刊学术影响力的关键影响因素进行了深入的分析，剔除了无法收取数据的相关因素，在第五章中利用Amos17.0软件，进行开放存取期刊的学术影响力实证研究。

第二节 开放存取期刊各种影响力对学术影响力作用关系分析

通过分析开放存取期刊学术影响力的关键影响因素，基于开放存取期刊学术影响力七个关键因素及这些因素的主要构成要素，以下将设计开放存取期刊学术影响力所涉及的要素及主要影响因素之间的作用关系模型，对这些因素与开放存取期刊学术影响力的作用关系进行阐述。

一 开放存取期刊作者影响力对学术影响力的作用

开放存取期刊作者是学术资源的提供方，为 OA 学术期刊提供了智力支持和资源保障。其中，开放存取期刊中，每位作者都拥有一定的用户群，而作者合著数量因素是每位作者的影响力之和，由此直接影响开放存取期刊作者的影响力；通常发达国家的作者相对能够产出高影响力论文，从而国籍分布因素影响开放存取期刊作者影响力；越出名或者越多产的作者对科研问题就越能够拥有独到的见解，会吸引更多关注，由此影响开放存取期刊作者的影响力；由于声望效应的存在，科研人员都认为，由高威望的作者写出的论文更具有可信度。因此，开放存取期刊作者影响力各因素直接影响了开放存取期刊学术影响力。开放存取期刊作者影响因素对学术影响力的作用关系模型如图 4-1 所示。

图 4-1 开放存取期刊作者影响因素对学术影响力的作用关系模型

因此，我们提出如下假设：

假设 4-1：开放存取期刊作者影响力与开放存取期刊学术影响力之间呈显著正相关关系。

二 开放存取期刊学者影响力对学术影响力的作用

开放存取期刊读者是 OA 期刊创立的目标群，反映了用户需求和社会需要的满足成效。其中，开放存取期刊读者全文下载因素与传统科技期刊的发行量具有相似的功能，表明读者的需求程度；开放存取期刊读者摘要阅读因素即读者翻阅文献，寻觅所需内容的过程；开放存取期刊页面浏览因素表明读者接受依附于网站形式期刊的程度；读者 IP 访问量体现了读者通过网络基础设施的建设对开放存取期刊所关注的程度。因此，这四个要素都直接影响了开放存取期刊读者影响力，并间接地影响了开放存取期刊学术影响力。开放存取期刊读者影响因素对学术影响力的作用关系模型如图 4 - 2 所示。

图 4 - 2　开放存取期刊读者影响因素对学术影响力的作用关系模型

因此，我们提出如下假设：

假设 4 - 2：开放存取期刊读者影响力与开放存取期刊学术影响力之间呈显著正相关关系。

三　开放存取期刊机构影响力对学术影响力的作用

开放存取期刊机构为 OA 期刊提供必要保障，机构拥有健全的机制，保证学术资源的质量，同时提供有利的外部环境和充足的资金，有效地提高了 OA 期刊的学术影响力。其中，研究机构数量越多，机构的影响力就越大；机构所跨国家的广度因素，也能表明开放存取期刊的国家影响力大小；同时，期刊机构声望在某种程度上体现了科研人员的学术能力，名望较高的机构通常培养的科研人员学术水平较高，因此，开放存取期刊机构影响力各因素也影响着开放存取期刊学术影响力。开放存取期刊机构影响因素对学术影响力的作用关系模型如图 4 - 3 所示。

因此，我们提出如下假设：

假设 4 - 3：开放存取期刊机构影响力与开放存取期刊学术影响

力之间呈显著正相关关系。

```
OA期刊机构数量因素 ┐
OA期刊机构声望因素 ─→ 开放存取期刊机构影响力 → 开放存取期刊学术影响力
OAJ机构国家广度因素 ┘
```

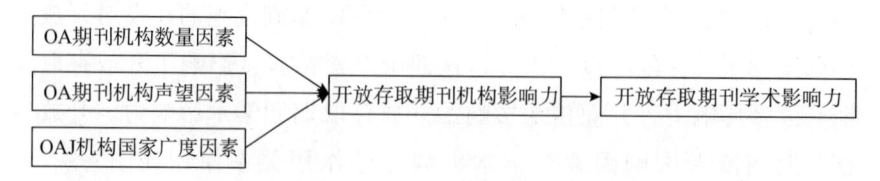

图4-3 开放存取期刊机构影响因素对学术影响力的作用关系模型

四 开放存取期刊网站影响力对学术影响力的作用

开放存取期刊网站是OA期刊共享的必要途径，以基础设施建设做基石，为学术交流的呈现提供相应渠道。其中，网站体系设计与风格直接影响用户对开放存取期刊网站的第一印象，界面友好会令读者考虑继续使用；如果开放存取期刊网站的功能较为实用，会更适合用户的偏好；而网站系统的稳定程度决定着是否能够保持读者对该OA期刊的持续关注。因此，开放存取期刊网站影响力的主要因素影响开放存取期刊学术影响力。开放存取期刊网站影响因素对学术影响力的作用关系模型如图4-4所示。

```
OA期刊网站界面因素 ┐
OA期刊网站功能因素 ─→ 开放存取期刊网站影响力 → 开放存取期刊学术影响力
OA期刊网站系统因素 ┘
```

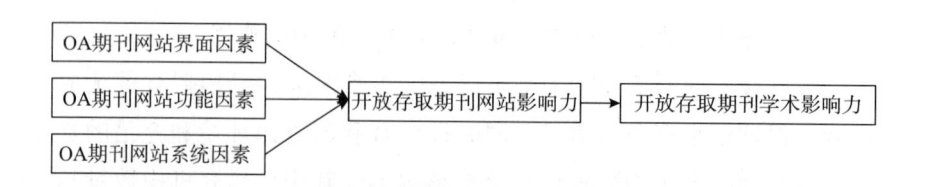

图4-4 开放存取期刊网站影响因素对学术影响力的作用关系模型

因此，我们提出如下假设：

假设4-4：开放存取期刊网站影响力与开放存取期刊学术影响力之间呈显著正相关关系。

五 开放存取期刊自身影响力对学术影响力的作用

开放存取期刊自身属性是OA期刊的根本所在，关系到学术资源的适当改进方向和提升层面，直接反映了OA期刊的学术影响力，包括开放存取期刊的载文数量因素、OA 期刊使用语种因素、OA 期刊出版周期因素、OA 期刊被引用频次因素等，其中，OA 期刊被权威数据库收录数量因素，能够说明开放存取期刊影响力的大小，因为质量越好、等级越高的期刊会被越多越重要的数据库收录；编委构成因素表明具有完善的编辑委员会，能够保证 OA 期刊出版质量，从而影响 OA 期刊刊载论文的可见度；而开放存取期刊的国外编委因素，对学术资源的影响力起着非常重要的作用。因为不同国家的领域专家在知识结构、思维方式与价值倾向方面存在较大的主观差别，从而对论文评议有各自独到的见解。由此，开放存取期刊自身影响力构成要素从根本上影响开放存取期刊的学术影响力。开放存取期刊论文影响因素对学术影响力的作用关系模型如图 4 - 5 所示。

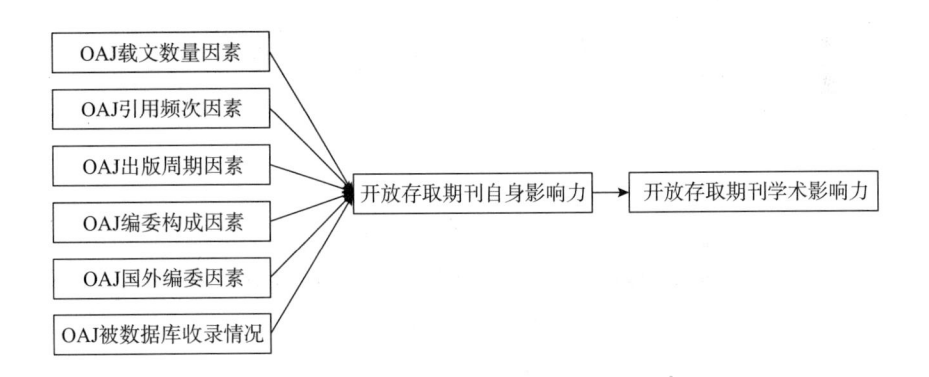

图 4 - 5　开放存取期刊自身影响因素对学术影响力的作用关系模型

因此，我们提出如下假设：

假设 4 - 5：开放存取期刊自身影响力与开放存取期刊学术影响力之间呈显著正相关关系。

六　开放存取期刊论文影响力对学术影响力的作用

开放存取期刊论文是 OA 期刊的核心内容，促进知识资本向现实生产力的转化，决定了 OA 期刊的学术影响力。其中，开放存取期刊论文研究领域的范围越大、越热点，论文就越受关注；开放存取期刊论文篇幅长度可能包含影响论文的可见度差异，论文篇幅越长，就越会更有实质性贡献；论文主题特征比较关键，对于明晰为什么某些期刊上的论文比其他相似主题的论文，会获得更多关注；论文参考文献较广泛，通常会包含在充实的、综合的及意义深远的论文中；而论文中图与表出现的数量通过反映更大量的实际贡献或陈述清晰度，可以预测论文的影响力。因此，开放存取期刊论文影响力的构成因素影响开放存取期刊的学术影响力。开放存取期刊论文影响因素对学术影响力的作用关系模型如图4-6所示。

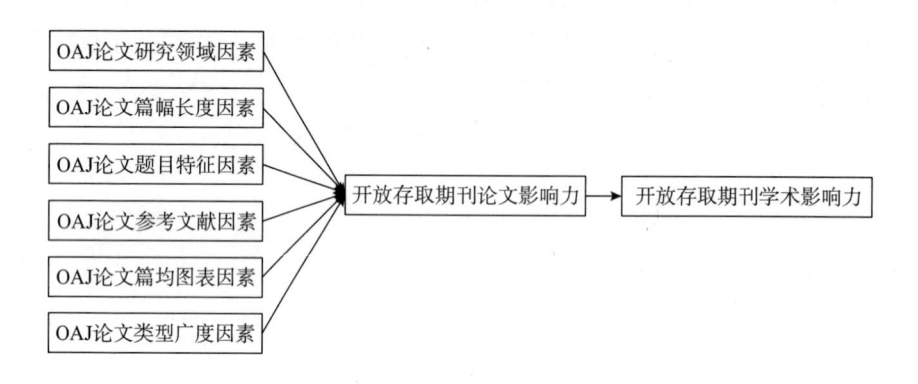

图4-6 开放存取期刊论文影响因素对学术影响力的作用关系模型

因此，我们提出如下假设：

假设4-6：开放存取期刊论文影响力与开放存取期刊学术影响力之间呈显著正相关关系。

七 开放存取期刊网络影响力对学术影响力的作用

开放存取期刊网络为OA期刊提供技术支持，为丰富学术资源得到充分应用与创新及推动OA期刊的学术影响力，产生正向积极作用。其中，开放存取期刊网络文献数量的多少，在一定程度上表明开放存取期刊受用户认可的程度；网络引文数量因素与网络影响因素表明OA期刊影响的广度；开放存取期刊网络传播中的网页数量能够反映 OA 期刊的信息拥有量，影响其显示度；外部链接因素能够客观地反映网络传播的影响力和辐射力；站内链接因素反映了 OA 期刊网络内部结构的完备性。由此，开放存取期刊网络影响力相关因素，也间接反映 OA 期刊的学术质量与影响力。开放存取期刊网络影响因素对学术影响力的作用关系模型如图 4-7 所示。

因此，我们提出如下假设：

假设 4-7：开放存取期刊网络影响力与开放存取期刊学术影响力之间呈显著正相关关系。

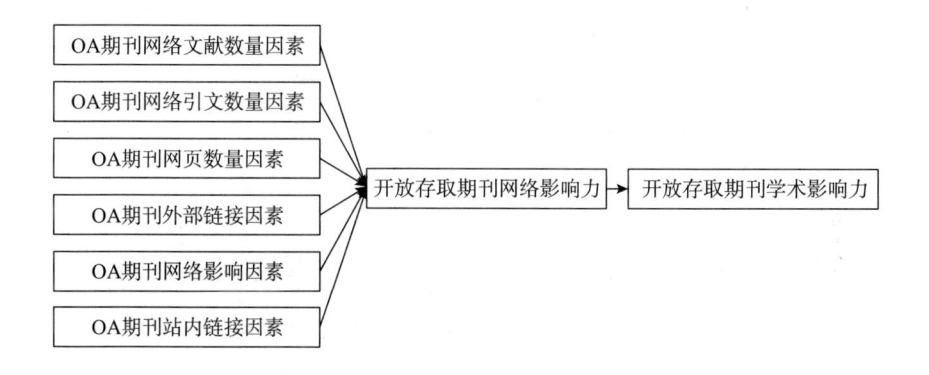

图 4-7　开放存取期刊网络影响因素对学术影响力的作用关系模型

第三节　开放存取期刊学术影响力理论模型

由开放存取期刊学术影响力组成要素的分析可知，开放存取期刊学术影响力是在学术交流体系中各相关环节参与者共同作用的基础上，以学术资源畅通交流与免费共享为目标，围绕学术成果的产出、学术资源传播、知识资源应用、科技成果共享，以及学术发展创新等影响而展开的学术交流影响力辐射。

其中，开放存取期刊作者是学术资源的提供方，为 OA 学术期刊提供了智力支持和资源保障，OA 期刊作者的影响力关系到 OA 期刊的学术影响力；开放存取期刊读者是 OA 期刊创立的目标群，反映了用户需求和社会需要的满足成效，与 OA 期刊学术影响力建立了稳定的关系网；开放存取期刊机构为 OA 期刊提供必要保障，机构拥有健全的机制，保证学术资源的质量，同时提供有利的外部环境和充足的资金，有效地提高了 OA 期刊的学术影响力；开放存取期刊网站是 OA 期刊共享的必要途径，以基础设施建设做基石，为学术交流的呈现提供相应渠道，增强 OA 期刊学术影响力；开放存取期刊自身属性是 OA 期刊的根本所在，关系到学术资源的适当改进方向和提升层面，直接反映了 OA 期刊的学术影响力；开放存取期刊论文是 OA 期刊的核心内容，促进知识资本向现实生产力的转化，决定了 OA 期刊的学术影响力；开放存取期刊网络为 OA 期刊提供技术支持，为丰富学术资源得到充分应用与创新及推动 OA 期刊的学术影响力，产生正向积极作用。以上每个关键环节都为 OA 学术资源的顺利实施提供了必要的保障，由此，开放存取期刊的组成要素成为影响 OA 期刊学术影响力的重要标志。

开放存取期刊学术影响力模型中各关键要素与开放存取期刊学术影响力的关联关系如图 4–8 所示。

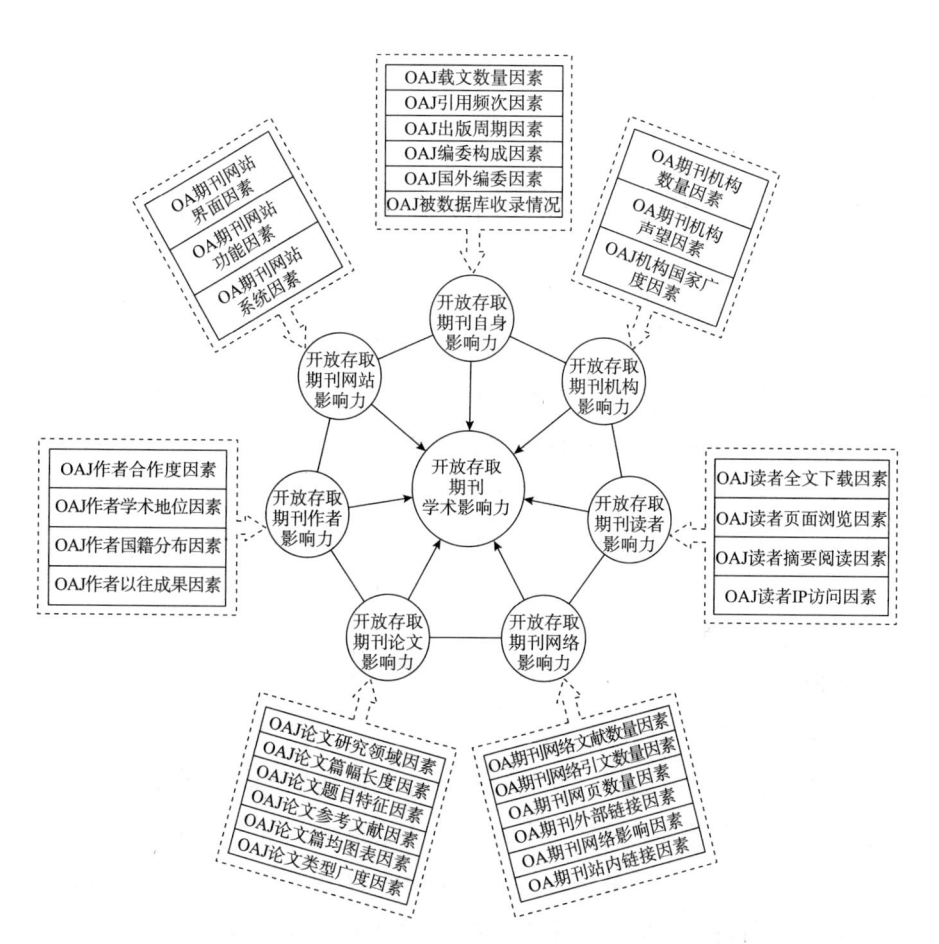

图 4-8　开放存取期刊学术影响力与关键要素间的关联关系

第五章　开放存取期刊学术影响力实证研究

在开放存取期刊关键因素分析的基础上，第四章分析了各影响因素与开放存取期刊学术影响力间的作用机理。为了更全面系统地研究开放存取期刊学术影响力所涉及的要素及影响因素之间的作用关系，本章将采用结构方程方法对其作用关系模型进行实证检验。

第一节　方案设计

通过前期文献调研，发现对开放存取期刊学术影响力的研究并不多，大多数学者只是从一个或几个因素层面上对开放存取期刊的学术影响力或学术质量进行评价判断，并没有关注从学术交流过程中各主体角色的维度上，全面系统地对开放存取期刊的学术影响力相关因素进行深入分析。本章将基于前文的理论支撑和研究假设，尝试构建开放存取期刊学术影响力理论模型。

一　实证分析模型的构架

根据第四章中对开放存取期刊学术影响力涉及影响因素的论述，及相互间作用关系的分析，本章将尝试运用量化研究方法验证概念模型的普遍适用性，在实证结论的基础上，对所构架的开放存取期刊概念模型进行必要的修正，为后续构建基于开放存取期刊学术影响力的逻辑模型提供实证支持。其中，开放存取期刊学术影响力的实证分析模型构架如图 5-1 所示。

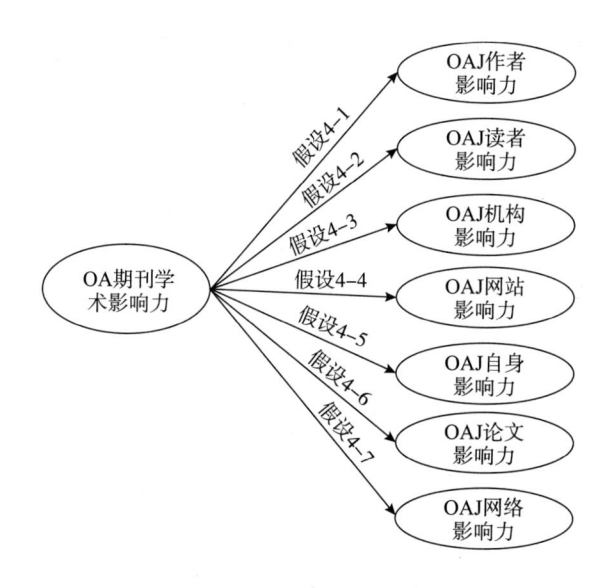

图 5-1　开放存取期刊学术影响力实证分析模型

二　实证研究方法论述

20 世纪 80 年代以来，结构方程模型迅速发展，弥补了传统统计方法的不足，成为多元数据分析的重要工具。结构方程模型是一种综合运用多元回归分析、路径分析和确认型因子分析方法而形成的一种统计数据分析工具，是基于变量的协方差矩阵分析变量之间关系的一种统计方法，也称为协方差结构分析。结构方程模型方法体现了传统路径分析与因素分析的完美结合，既能够分析处理测量误差，又可以分析潜在变量之间的结构关系。结构方程模型方法一般使用最大似然法估计模型，分析结构方程的路径系数等估计值，因为最大似然法使研究者能够基于数据分析的结果对模型进行修正。

其中，结构方程模型的术语包括观察变量、潜变量、外生变量和内生变量。观察变量是指可直接测量的变量，通常为指标；潜变量也称为隐变量，是无法直接观测并测量的变量，潜变量需要通过设计若干指标间接地加以测量；外生变量是指那些在模型或系统中只起到解释变量作用的变量，它们在模型中只影响其他变量，而不受其他变量的影响，在路径图中，只有指向其他变量的箭头，没有箭头指向它的变量均为外生变量；内生变量是指那些在模型中受其他变量包括外生变量和内生变量影响的变量，即在路径图中，有箭头指向它的变量，它们也可以影响其他变量。结构方程模型示意图如图 5-2 所示。

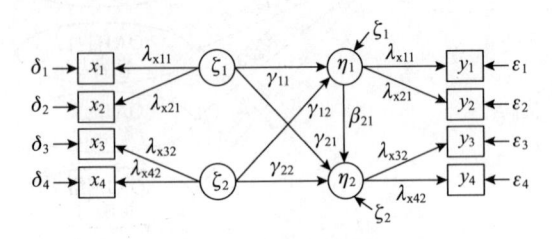

图 5-2　结构议程模型示意

通常观察变量用长方形或方形表示，外生观察变量用 y 表示，内生观察变量用 y 表示；潜变量用椭圆或圆形表示，外生变量通常用 ξ 表示，内生潜变量通常用 η 表示；δ 为外生观察变量 x 的误差；ε 为内生观察变量 y 的误差。

本书选取结构方程方法对开放存取期刊学术影响力的理论模型进行实证研究，源于结构方程模型能够评价多维与相互关联的关系，反映模型中要素之间的相互影响，发现这些关系中没有察觉到的概念关系，能够更为充分地体现其蕴含的要素信息和影响作用，同时，能够在评价过程中解释测量误差。其中，结构方程方法不同于回归分析方法，其不受多变量或输出变量的限制，结构方程方法预测因子假设可有测量误差，结构方程方法中间变量可以包含在与预测因子一样的单一模型中，结构方程方法预测因子间的多重共线性不会妨碍结果的解释。因此，结构方程模型可以替代多重回归、路径分析、因子分析、协方差分析等方法，清晰地分析单项指标对总体的作用和单项指标间相互关系。目前，比较流行的可用于结构方程模型分析的软件，包括 LISREL、AMOS、EQS 和 CALIS 等，本书采用 AMOS 分析软件，利用结构方程模型，对开放存取期刊学术影响力模型进行实证检验。

三 变量的可操作性定义

开放存取期刊学术影响力是用来评价一种期刊的质量高低与知名度大小的程度。国际上比较通用的影响力评判指标为影响因子，近年来，学术界发展出 H 指数及其衍生指数 Hc 指数和 G 指数，还包括新建立的 SJR 指数和 SNIP 指数。

开放存取期刊作者影响力是衡量开放存取期刊学术资源提供者的外在影响程度，包括作者合著数量、作者国籍分布、作者以往成果数量和作者学术地位等因素。

开放存取期刊读者影响力是指通过读者对 OA 期刊网站的访问和使用指标来衡量 OA 资源对读者的影响程度。本书分为读者全文下载量、读者摘要点击量、读者页面浏览量和读者 IP 访问量。

开放存取期刊机构影响力是指作者所在的研究机构的外在权威程度影响。包括研究机构数量、声望排名和研究机构国家广度。

开放存取期刊网站影响力是用来衡量承载着该期刊的网站设计规范、功能完善、资源可靠、交互易用等水平。总体上分为界面友好程度、导航使用程度和系统稳定程度。

开放存取期刊论文影响力是指学术论文自身的结构与内容所受到的关注程度。包括论文研究领域、论文篇幅长度、论文题目特征、论文图表数量、参考文献数量及论文研究类型广度。

开放存取期刊自身影响力是衡量 OA 期刊在用户群心中的地位。包括 OA 期刊载文量、被引频次、出版周期、被收录数据库数量、期刊编委数量及海外编委构成比例。

开放存取期刊网络影响力是指 OA 期刊以电子文本出版形式的学术传播效果，根据网络计量指标，可分为网络文献量、网页数、外部链接量、站内链接数、网络影响因子和网络被引频次等指标。

四 数据的收集与衡量

在变量数据收集过程中，首先从瑞典隆德大学图书馆（Lund University Libraries）建立的开放存取期刊目录（Directory of Open Access，DOAJ）中，收集2007年关于生物医药类学科的OA期刊的刊名与国际标准连续出版物编号（ISSN），将相关信息与全球权威期刊书目数据库"乌利希期刊指南"（Ulrich's Periodicals Directory）的网络版数据进行对照，以确保信息的精准性。与2007年《美国期刊引证报告》（*Journal Citation Report*，JCR）中的生物医药学科期刊进行一一比对，得到目标开放存取期刊483种，由于有学者研究提出，在进行结构方程的实证研究过程中，实验数据最好为100—200种，所以，最终随机从2007年483种生物医药类学科的开放存取期刊中抽取168种作为研究对象。随后利用SPSS统计分析工具，对其进行数据处理与计量分析，收集不到的数据项予以剔除，最后运用结构方程方法将数据用以进行实证研究。

（一）开放存取期刊学术影响力的数据收集与衡量

本书通过《美国期刊引证报告》，将所要收集数据的OA期刊进行一一查询，收集2007年每种期刊影响因子、SJR指数、SNIP指数的累计数据。通过数据采集软件Publish or Perish，收集H指数及其衍生指数Hc指数和G指数的相关数据。

本书选取如表5-1所示的指标来测度开放存取期刊学术影响力。

表5-1　　　　　　　　开放存取期刊学术影响力量表

变量	测量指标
OAJ学术影响力	1. 影响因子（5年平均）
	2. H指数（5年平均）
	3. G指数（5年平均）
	4. Hc指数
	5. SJR指数
	6. SNIP指数

(二) 开放存取期刊作者影响力的数据收集与衡量

本书通过数据采集软件 Publish or Perish 收集作者篇均合著数量,通过 Web of Science 数据库收集每种 OA 期刊作者数量最多的国家,通讯作者的以往成果数量以及作者分析中教授比例等数据。

本书选取如表 5-2 所示的指标来测度开放存取期刊作者影响力。

表 5-2　　　　　开放存取期刊作者影响力量表

变量	测量指标
OAJ 作者影响力	1. 作者合著数量（篇均）
	2. 作者国籍分布
	3. 作者以往成果数量
	4. 作者学术地位（教授比例）

(三) 开放存取期刊读者影响力的数据收集与衡量

本书通过 Alexa 中文版网站,对 OA 期刊的 URL 网址进行查询处理,收集页面浏览量、IP 访问量,通过期刊引证报告（JCR）,收集读者摘要点击量与读者全文下载量相关数据。

本书选取如表 5-3 所示的指标来测度开放存取期刊读者影响力。

表 5-3　　　　　开放存取期刊读者影响力量表

变量	测量指标
OAJ 读者影响力	1. 读者全文下载量（篇均）
	2. 读者摘要点击量（篇均）
	3. 读者页面浏览量（人均）
	4. 读者 IP 访问量（日均）

(四) 开放存取期刊机构影响力的数据收集与衡量

本书通过 Web of Science 数据库收集每种 OA 期刊支持的研究机

构数量、机构国家广度,通过全球 3000 多所研究机构(高校与研究所)的排名,收集关于研究机构声望数据。

本书选取如表 5-4 所示的指标来测度开放存取期刊研究机构影响力。

表 5-4　　　　　开放存取期刊研究机构影响力量表

变量	测量指标
OAJ 机构影响力	1. 研究机构数量
	2. 研究机构声望
	3. 研究机构国家广度

(五) 开放存取期刊网站影响力的数据收集与衡量

本书通过 Google 与 Altavista 搜索引擎检查对应的 OA 期刊是否存在,记录免费访问期刊的网址。将 OA 刊名、ISSN 号及直接访问网址等信息,发给 10 名生物医药学科的硕士研究生,根据自己对网站的实际使用与访问情况,采取里克特 5 点量表,进行范围包括非常好、好、一般、不好、非常不好,分别对应打出 5、4、3、2、1 的分值,由此收集关于每个 OA 期刊网站界面友好程度、功能实用程度和系统稳定程度的相关数据。

本书选取如表 5-5 所示的指标来测度开放存取期刊网站影响力。

表 5-5　　　　　开放存取期刊网站影响力量表

变量	测量指标
OAJ 网站影响力	1. 网站界面友好程度
	2. 网站功能实用程度
	3. 网站系统稳定程度

(六) 开放存取期刊论文影响力的数据收集与衡量

本书通过 Web of Science 数据库收集每种 OA 期刊论文的研究类

型广度、论文研究领域、论文篇均篇幅长度、篇均参考文献数量、论文题目特征、论文图表数量的相关数据,其中除研究领域和外类型广度,其余数据均选择2007年出版的每一期中被引频次最高的论文的平均值作为统计数据。

本书选取如表5-6所示的指标来测度开放存取期刊论文影响力。

表5-6 开放存取期刊论文影响力量表

变量	测量指标
OAJ论文影响力	1. 论文研究领域
	2. 论文篇幅长度
	3. 论文参考文献数量
	4. 论文题目特征
	5. 论文图表数量
	6. 论文研究类型广度

(七) 开放存取期刊自身影响力的数据收集与衡量

本书通过期刊引证报告收集开放存取期刊载文量与被引频次数据,通过登录每个期刊的网站,一一对应查找OA期刊出版周期、被收录数据库数量、期刊编委构成及国外编委比例的相关数据。

本书选取如表5-7所示的指标来测度开放存取期刊自身影响力。

表5-7 开放存取期刊自身影响力量表

变量	测量指标
OAJ自身影响力	1. 期刊载文量
	2. 期刊被引频次
	3. 期刊出版周期
	4. 期刊被收录数据库数量
	5. 期刊编委构成
	6. 期刊国外编委比例

（八）开放存取期刊网络影响力的数据收集与衡量

本书通过数据采集软件 Publish or Perish，统计网络文献量与网络被引频次，通过 Google Scholar、Altavista、AllTheWeb 等搜索引擎进行关于网页数、站内链接数、外部链接数与网络影响因子的计算和相关数据收集。

本书选取如表 5-8 所示的指标来测度开放存取期刊网络影响力。

表 5-8　　　　　　　开放存取期刊网络影响力量表

变量	测量指标
OAJ 网络影响力	1. 网络文献量
	2. 网络被引频次
	3. 网页数
	4. 外部链接数
	5. 站内链接数
	6. 网络影响因子

由上，通过对 168 种收录在《国际期刊引证报告》中的生物医药类学科开放存取期刊进行相应的数据收集，剔除含有异常数据的期刊及数据项结果中有一项为零的期刊，最终确定其中的 142 种开放存取期刊作为本次实证研究对象。

第二节　数据分析

在数据分析过程中，变量的度量是为确定实证检验测量工具的信度和效度。本书研究的开放存取期刊学术影响力，所涉及的 7 个组成要素，分别为开放存取期刊作者影响力和开放存取期刊读者影响力、开放存取期刊机构影响力、开放存取期刊网站影响力、开放存取期刊自身影响力、开放存取期刊论文影响力、开放存取期刊网络影响力，以及第四章提到的关于开放存取期刊学术影响力涉及的 7 个组成要素的 26 个影响因素，在它们的可操作性定义及衡量方法上，尽量采用国内外现有文献研究中公认度较高的方式，再根据本书研究的目的加以修改以作为实证研究的测量工具。

一　信度检验

信度（Reliability）是指量表的可靠性程度。本书采用分项对总项相关系数（Item – Total Correlation）和 Cronbach α 系数（以下简称 α 系数）来检验问卷量表项目间的内部一致性程度。分项对总项相关系数以大于 0.6 为佳，最低不宜低于 0.35；α 系数则是越高越好，Guieford 认为，α 系数若低于 0.35，属于低信度，其相关程度没能达到应该达到的水平，应给予删除；若 α 系数介于 0.35—0.75，表示可以接受；若 α 系数高于 0.75，表示信度相当高。分项对总项相关系数和 α 系数的分析工具采用 SPSS17.0 统计分析软件。数据信度研究的结果如表 5 – 9 至表 5 – 16 所示。

表 5 – 9　　　　开放存取期刊作者影响力量表信度分析

OAJ 作者影响力分量	Item – Total Correlation	α 系数 0.781
作者合著数量	0.844	
作者国籍分布	0.685	
作者学术地位	0.584	
作者以往成果数量	0.819	

表 5 – 10　　　开放存取期刊读者影响力量表信度分析

OAJ 读者影响力分量	Item – Total Correlation	α 系数 0.802
读者全文平均下载量	0.877	
读者摘要点击量	0.703	
读者页面浏览量	0.686	
读者 IP 访问量	0.824	

表 5 – 11　　　　开放存取期刊机构影响力量表信度分析

OAJ 机构影响力分量	Item – Total Correlation	α 系数
		0.819
研究机构数量	0.721	
研究机构声望	0.882	
研究机构国家广度	0.801	

表 5 – 12　　　　开放存取期刊网站影响力量表信度分析

OAJ 网站影响力分量	Item – Total Correlation	α 系数
		0.752
网站界面友好程度	0.839	
网站功能实用程度	0.712	
网站系统稳定程度	0.678	

表 5 – 13　　　　开放存取期刊论文影响力量表信度分析

OAJ 论文影响力分量	Item – Total Correlation	α 系数
		0.835
论文研究领域	0.717	
论文篇幅长度	0.820	
论文参考文献数量	0.664	
论文题目特征	0.769	
论文图表数量	0.865	
论文研究类型广度	0.793	

由表 5 – 14 可知，分项对总项相关系数除"期刊出版周期"为 0.346 外，其余均 Cronbach α 系数 > 0.35，因子测量变量的一致性较强。各维度 α 系数 > 0.75，符合较高信度要求，由此，上述各量表的信度是合适的，其中"期刊出版周期"一项被剔除。

第五章 开放存取期刊学术影响力实证研究 | 101

表 5-14　　开放存取期刊自身影响力量表信度分析

OAJ 自身影响力分量	Item – Total Correlation	α 系数
		0.862
期刊载文量	0.804	
期刊被引频次	0.873	
期刊出版周期	0.346	
期刊被收录数据库数量	0.751	
期刊编委构成	0.817	
期刊国外编委比例	0.823	

表 5-15　　开放存取期刊网络影响力量表信度分析

OA 期刊网络影响力分量	Item – Total Correlation	α 系数
		0.824
网络文献量	0.776	
网络被引频次	0.807	
网页数	0.702	
外部链接数	0.836	
站内链接数	0.789	
网络影响因子	0.855	

表 5-16　　开放存取期刊学术影响力量表信度分析

OA 期刊网络影响力分量	Item – Total Correlation	α 系数
		0.903
影响因子	0.865	
H 指数	0.820	
G 指数	0.415	
Hc 指数	0.738	
SJR 指数	0.764	
SNIP 指数	0.807	

二 效度分析

(一) 开放存取期刊作者影响力

KMO 和 Bartlett 检验结果如表 5-17 所示。

表 5-17　　KMO 和 Bartlett 检验

取样足够度的 KMO 度量		0.746
Bartlett 球形度检验	近似卡方	129.020
	自由度	6
	P	0.000

由表 5-17 可知，KMO 为 0.746，即 KMO > 0.5，因此适合做因子分析。

因子分析的结果如表 5-18 所示。

表 5-18　　因子矩阵[a]

	因子		
	1	2	3
作者合著数量	0.932	0.202	-0.161
作者国籍分布	0.334	0.806	0.322
作者学术地位	0.446	0.771	0.569
作者以往成果数量	-0.285	0.363	0.875

注：提取方法：最大似然法。a. 已经提取 3 个因子。

(二) 开放存取期刊读者影响力

KMO 和 Bartlett 检验结果如表 5-19 所示。

表 5-19　　KMO 和 Bartlett 检验

取样足够度的 KMO 度量		0.741
Bartlett 球形度检验	近似卡方	185.498
	自由度	6
	P	0.000

由表 5-19 可知，KMO 为 0.741，即 KMO > 0.5，因此适合做因子分析。

因子分析的结果如表 5-20 所示。

表 5-20　　　　　　　　　因子矩阵[a]

	因子		
	1	2	3
读者全文平均下载量	0.879	0.334	3.172
读者摘要点击量	0.784	0.462	0.383
读者页面浏览量	0.306	0.802	0.424
读者 IP 访问量	0.258	0.463	0.775

注：提取方法：最大似然法。a. 已经提取 3 个因子。

（三）开放存取期刊机构影响力

KMO 和 Bartlett 检验结果如表 5-21 所示。

表 5-21　　　　　　　　**KMO 和 Bartlett 检验**

取样足够度的 KMO 度量		0.660
Bartlett 球形度检验	近似卡方	173.314
	自由度	3
	P	0.000

由表 5-21 可知，KMO 为 0.660，即 KMO > 0.5，因此适合做因子分析。

因子分析的结果如表 5-22 所示。

表 5-22　　　　　　　　　因子载荷量

变量	测度指标	因子载荷量
OAJ 机构影响力分量	研究机构数量	0.729
	研究机构声望	0.714
	研究机构国家分布	0.771

（四）开放存取期刊网站影响力

KMO 和 Bartlett 检验结果如表 5-23 所示。

表 5-23　　　　　　　　KMO 和 Bartlett 检验

取样足够度的 KMO 度量		0.653
Bartlett 球形度检验	近似卡方	64.663
	自由度	3
	P	0.000

由表 5-23 可知，KMO 为 0.653，即 KMO > 0.5，因此适合做因子分析。

因子分析的结果如表 5-24 所示。

表 5-24　　　　　　　　因子载荷量

变量	测度指标	因子载荷量
OAJ 网站影响力分量	网站界面友好程度	0.769
	网站功能实用程度	0.708
	网站系统稳定程度	0.725

（五）开放存取期刊自身影响力

KMO 和 Bartlett 检验结果如表 5-25 所示。

表 5-25　　　　　　　　KMO 和 Bartlett 检验

取样足够度的 KMO 度量		0.727
Bartlett 球形度检验	近似卡方	105.262
	自由度	15
	P	0.000

由表 5-25 可知，KMO 为 0.727，即 KMO > 0.5，因此适合做因子分析。

因子分析的结果如表 5-26 所示。

表 5-26　　　　　　　　　因子矩阵[a]

	因子		
	1	2	3
载文量	0.577	0.248	-0.202
被引频次	0.688	0.352	0.264
被收录数据库数量	0.435	0.760	-0.407
编委构成	0.269	0.455	0.555
国外编委比例	-0.117	0.468	0.793

注：提取方法：最大似然法。a. 已经提取 3 个因子。

（六）开放存取期刊论文影响力

KMO 和 Bartlett 检验结果如表 5-27 所示。

表 5-27　　　　　　　　**KMO 和 Bartlett 检验**

取样足够度的 KMO 度量		0.714
Bartlett 球形度检验	近似卡方	152.541
	自由度	15
	P	0.000

由表 5-27 可知，KMO 为 0.714，即 KMO > 0.5，因此适合做因子分析。

因子分析的结果如表 5-28 所示。

表 5-28　　　　　　　　　因子矩阵[a]

	因子			
	1	2	3	4
论文研究领域	0.434	-0.482	0.671	0.462
论文篇幅长度	0.671	0.583	0.245	0.335
论文参考文献数量	0.335	0.706	-0.202	0.431
论文题目特征	-0.162	0.246	0.788	-0.126
论文图表数量	-0.229	0.390	0.473	0.904
论文研究类型广度	0.572	0.098	-0.124	0.522

注：提取方法：最大似然法。a. 已经提取 4 个因子。

（七）开放存取期刊网络影响力

KMO 和 Bartlett 检验结果如表 5-29 所示。

表 5-29　　　　KMO 和 Bartlett 检验

取样足够度的 KMO 度量		0.686
Bartlett 球形度检验	近似卡方	794.833
	自由度	15
	P	0.000

由表 5-29 可知，KMO 为 0.686，即 KMO > 0.5，因此适合做因子分析。

因子分析的结果如表 5-30 所示。

表 5-30　　　　因子矩阵[a]

	因子		
	1	2	3
网络文献量	-0.491	0.689	0.814
网络引文量	-0.068	0.265	0.264
网页数量	0.784	-0.332	0.225
外部链接数	0.258	0.766	0.435
站内链接数	0.636	-0.347	-0.376
网络影响因子	0.432	0.173	0.775

注：提取方法：最大似然法。a. 已经提取 3 个因子。

（八）开放存取期刊学术影响力

KMO 和 Bartlett 检验结果如表 5-31 所示。

表 5-31　　　　KMO 和 Bartlett 检验

取样足够度的 KMO 度量		0.786
Bartlett 球形度检验	近似卡方	863.719
	自由度	15
	P	0.000

由表 5-31 可知，KMO 为 0.786，即 KMO > 0.5，因此适合做因子分析。

因子分析的结果如表 5-32 所示。

表 5-32　　　　　　　　　　因子矩阵[a]

	因子			
	1	2	3	4
影响因子	0.930	0.242	0.406	0.494
H 指数	0.836	0.291	0.144	0.322
G 指数	0.112	0.506	0.253	0.218
Hc 指数	0.398	0.917	0.499	0.136
SJR 指数	0.426	0.494	0.866	0.504
SNIP 指数	0.357	0.465	0.501	0.902

注：提取方法：最大似然法。a. 已经提取 4 个因子。

本书对测度变量进行强制性因子分析，上述八个表为本书对各因素所作的因子分析结果。其中，在开放存取期刊机构影响力和网站影响力的因子分析过程中，SPSS Statistics 查看器中显示，自由度的数量不为正，因子分析可能并不适用，因此分析了机构影响力和网站影响力两个维度的因子载荷量，结果显示，均大于 0.7，说明因素效度比较适合。根据因子分析结果，在开放存取期刊作者因素中，选取作者合著数量、作者国籍分布和作者以往成果数量 3 个因子；在开放存取期刊读者因素中，选取读者全文平均下载量、读者页面浏览量和读者 IP 访问量 3 个因子；在开放存取期刊机构因素中，选取研究机构数量、研究机构声望和研究机构国家分布 3 个因子；在开放存取期刊网站因素中，选取网站界面友好程度、网站功能实用程度和网站系统稳定程度 3 个因子；在开放存取期刊自身因素中，选取期刊被引频次、被收录数据库数量和海外编委比例 3 个因子；在开放存取期刊论文因素中，选取论文篇幅长度、论文参考文献数量、论文图表数量和论文题目特征 4 个因子；在开放存取期刊网络中，选取网络文献量、网页数量和外部连接数3个因子；在开放存取期刊学术影响力中，选取影响因子、Hc指数、SJR指数和SNIP指数4个因子，以上因子载荷量均符合效度要求。

第三节 实证分析整体模型的拟合检验

通过信度效度检验后，就可以进一步针对各个潜在变量之间的实质关系进行检测，即进行实证分析模型的整体分析，包括实证分析模型的适配度检验与假设检验。从第二节分析可知，各潜在变量的信度效度均已达到可接受的水平，运用结构方程模型检验实证分析模型的适配度以及各项假设是否成立。实证分析模型的参数结构如图5-3所示，潜在变量以椭圆表示，观察变量以矩形表示。

一 实证分析模型的适配度检验

实证分析模型的适配度检验一般从基本适配度、整体模式适配度和模式内在结构适配度三个方面加以考虑。

基本适配度是用来检测模式的误差、辨认问题或输入有误等，这可以从测量指标的测量误差不能有负值及因素负荷量不能太低（低于0.5），且是否达到显著性水平来加以衡量。

整体模式适配度检验一般包括绝对适配度检验、增量适配度检验和简效适配度检验。绝对适配度检验是用来确定理论模型可以预测观察变量的协方差或相关系数矩阵的程度；增量适配度检验用来比较所发展的理论模式与虚拟（基准）模式的结果；简效适配度检验是用来评估理论模型的精简程度。整体适配度检验指标的选用遵守的Bagozzi和Yi[①]的建议，详见表5-33。

---

① Bagozzi, R. P. and Yi, Y., "On the Evaluation of Structural Equation Models", *Journal of the Academy of Marketing Science*, Vol. 16, No. 1, 1988, pp. 74 – 94.

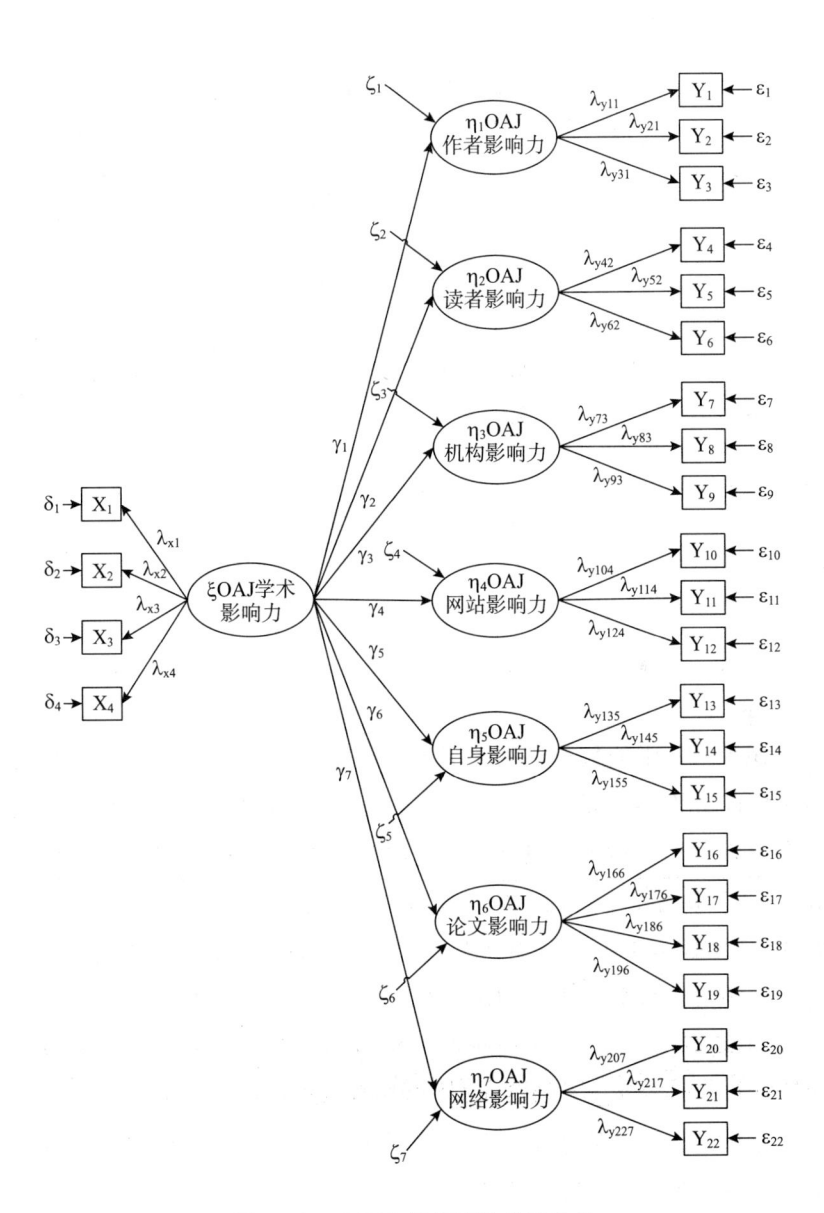

图 5-3　实证分析模型的参数结构

注：δ_i 为观察变量 x_i 的测量误差，$i=1,\cdots,3$；ξ 为外生潜在变量；λ_{x_i} 为观察变量 x_i 对外生潜在变量 ξ 的系数。ε_m 为观察变量的测量误差 y_m 测量误差，$m=1,\cdots,22$；η_n 为内生潜在变量，$n=1,\cdots,7$；$\lambda_{y_{mn}}$ 为观测变量 y_m 对内生潜在变量 η_n 的系数；γ_k 为潜在变量之间的回归系数，$k=1,\cdots,7$；ζ_q 为潜在变量的测量误差，$q=1,\cdots,7$。

表 5-33　　　　　　　　　整体模型检验指标汇总

绝对适配度指标		增量适配度指标		简效适配度指标	
适配度指标	理想值	适配度指标	理想值	适配度指标	理想值
χ^2（优度卡方检验）	越小越好	AGFI（调整拟合优度指数）	>0.9	χ^2/d_f（相对卡方）	<3
GFI（拟合优度指数）	>0.9	NFI（规范拟合指数）	>0.9	PNFI（简效规范优度指数）	>0.5
RMR（残差均方根）	<0.05	CFI（比较拟合指数）	>0.9	PGFI（简效拟合优度指数）	>0.5
RMSEA（近似误差均方根）	<0.1				

表 5-33 中的数据显示，实证分析模型中，各个潜在变量的测量指标的因素负荷量均超过 0.5，且达到显著性水平，测量误差也没有出现负值，因此，通过基本适配度检验。整体模型适配度中，表 5-34 显示，绝对适配度衡量指标为：χ^2 = 209.979、GFI = 0.905、RMR = 0.045、RMSEA = 0.048，均达到可接受范围。增量适配度衡量指标分别为：AGFI = 0.908、NFI = 0.904、CFI = 0.920，均达到可接受范围。减小视频低点衡量指标为：PGFI = 0.759、PNFI = 0.692、χ^2/d_f = 1.755，均达到可接受的范围。因此，以上通过实证分析模型的整体适配度检验。模型相关整体适配度指标的理想值与实际值见表 5-34。

模式内在结构适配度标准包括观察变量的信度（Individual Item Reliability，通常用 R^2 表示）、潜在变量的组成信度（Composite Reliability，通常用 CR 表示）、潜在变量的平均变异抽取量（Average Variance Extracted，通常用 AVE 表示），以及测量模式估计参数的显

表 5-34　　　　　　　　整体适配度检验结果

衡量指标	指标名称	理想值	实际值
绝对适配度衡量	χ^2	越小越好	209.979
	自由度		278
	GFI	>0.9	0.905
	RMR	<0.05	0.045
	RMSEA	<0.1	0.048
增量适配度衡量	AGFI	>0.9	0.908
	NFI	>0.9	0.904
	CFI	>0.9	0.920
简效适配度衡量	χ^2/d_f	<3	1.755
	PNFI	>0.5	0.692
	PGFI	>0.5	0.759

著性程度。[1]

　　观察变量（个别项目）信度 R^2 的取值范围为 0—1，越接近 1，代表观察变量越适合作潜在变量的衡量工具。一般而言，R^2 应大于 0.5，不能达到这一门槛值的观察变量应删除。然而，大量的研究表明，将 R^2 锁定在 0.5 以上是相当严格的，这种严格的评价标准往往会使后续对结构模式的评价缺乏理论意义。广义结构方程模型的重点在于验证理论假设是否成立，结构模型是检验的主要对象，因此，R^2 大于 0.2 的观察变量只要其理论意义存在，仍可被保留在模型中。[2] 个别项目信度（R^2）可由 AMOS 17.0 软件直接测得。

　　潜在变量的组成信度（CR）是反映潜在变量内部一致性的指标。CR 的取值范围为 0—1，CR 值越大，表明同一潜在变量的相关观察变量间的相关程度越高，也就越能测出该潜在变量。一般而言，潜在变量的组成信度大于 0.6（Bagozzi and Yi，1988）就表示

---

[1] Hair, J. F., Anderson, R. E. and Tatham, R. L., *Multivariate Data Analysis*, London: Prentice-Hall International, 1998, p. 572.

[2] 黄芳铭：《结构方程模式：理论与应用》，中国税务出版社 2005 年版，第 279 页。

该潜在变量具有良好的内部一致性。潜在变量信度（CR）的计算公式如下：

$$CR = \frac{(\sum \lambda)^2}{(\sum \lambda)^2 + (\sum \varepsilon)}$$

式中：λ 为标准符合量；ε 为观察变量的标准化策略误差。

潜在变量的评价变异抽取量（AVE）主要反映所有观察变量的变异量能被潜在变量所解释的程度，AVE 的取值范围为 0—1，建议值为 0.5 以上。潜在变量的评价变异抽取量（AVE）的计算公式如下：

$$AVE = \frac{\sum \lambda^2}{\sum \lambda^2 + \sum \varepsilon}$$

式中：λ 为标准符合量；ε 为观察变量的标准化策略误差。

综上所述，若个别项目的信度（R^2）、潜在变量的组成信度（CR）以及潜在变量的平均变异抽取量（AVE）均符合理想结果，则该问卷中所有策略项目均收敛于各对应的潜在变量，具有收敛效度。

由表 5-35 可知，观察变量的信度除"Y_5 页面浏览量"与"Y_{18} 论文题目特征"两个变量外，均大于 0.5 以上，通常观察变量的信度评判标准需大于 0.5，但对于广义的结构方程模型而言，当 $R^2=0.2$ 时，只要观察变量存在理论意义，则仍然可被保留在模型中。潜在变量组合信度均大于 0.6，潜在变量的平均变异抽取量也都在 0.5 标准值之上，由此模型中各项指标均符合评判标准要求。

一 假设关系的检验

在前文所涉的 7 个假设中，开放存取作者影响力对开放存取期刊学术影响力产生显著正向影响，所提出假设 4-1、假设 4-2、假设 4-3、假设 4-4、假设 4-5、假设 4-6 和假设 4-7 均成立。现将假设关系的验证结果分布用图 5-4 和表 5-36 表示。

表 5-35　　实证分析模型的测量模式分析

开放存取期刊学术影响力		因素负荷量（λ 或 γ）	个别项目信度（R^2）	衡量误差（ε 或 ζ）	潜在变量的组合信度（CR）	潜在变量的平均变异抽取量（AVE）
OAJ学术影响力	X_1 影响因子	0.903***	0.908	0.185	0.912	0.710
	X_2 Hc 指数	0.865***	0.847	0.252		
	X_3 SJR 指数	0.879***	0.814	0.227		
	X_4 SNIP 指数	0.619***	0.575	0.617		
OAJ作者影响力	Y_1 作者合著数量	0.641***	0.553	0.590	0.757	0.512
	Y_2 作者国籍分布	0.667***	0.549	0.555		
	Y_3 作者以往成果	0.825***	0.652	0.320		
OAJ读者影响力	Y_4 全文下载量	0.926***	0.844	0.143	0.747	0.504
	Y_5 页面浏览量	0.528***	0.478	0.721		
	Y_6 IP 访问量	0.592***	0.570	0.650		
OAJ机构影响力	Y_7 机构数量	0.664***	0.611	0.559	0.742	0.501
	Y_8 机构声望	0.779***	0.669	0.393		
	Y_9 机构国家分布广度	0.654***	0.514	0.572		
OAJ网站影响力	Y_{10} 界面友好程度	0.685***	0.506	0.531	0.756	0.510
	Y_{11} 功能实用程度	0.785***	0.522	0.384		
	Y_{12} 系统稳定程度	0.667***	0.543	0.555		
OAJ自身影响力	Y_{13} 被引频次	0.669***	0.748	0.552	0.758	0.512
	Y_{14} 被收录数据库数量	0.781***	0.538	0.484		
	Y_{15} 国外编委比例	0.756***	0.610	0.428		
OAJ论文影响力	Y_{16} 论文篇幅长度	0.716***	0.553	0.487	0.759	0.508
	Y_{17} 参考文献数量	0.766***	0.561	0.757		
	Y_{18} 论文题目特征	0.581***	0.453	0.662		
	Y_{19} 论文图表数量	0.685***	0.630	0.567		
OAJ网络影响力	Y_{20} 网络文献数量	0.822***	0.770	0.222	0.903	0.715
	Y_{21} 网页数	0.902***	0.856	0.186		
	Y_{22} 外部链接数	0.924***	0.831	0.146		

注：GFI = 0.905，RMR = 0.045，NFI = 0.904，CFI = 0.920，χ^2/d_f = 1.755，因素负荷量为标准值，*** 表示 P < 0.001。

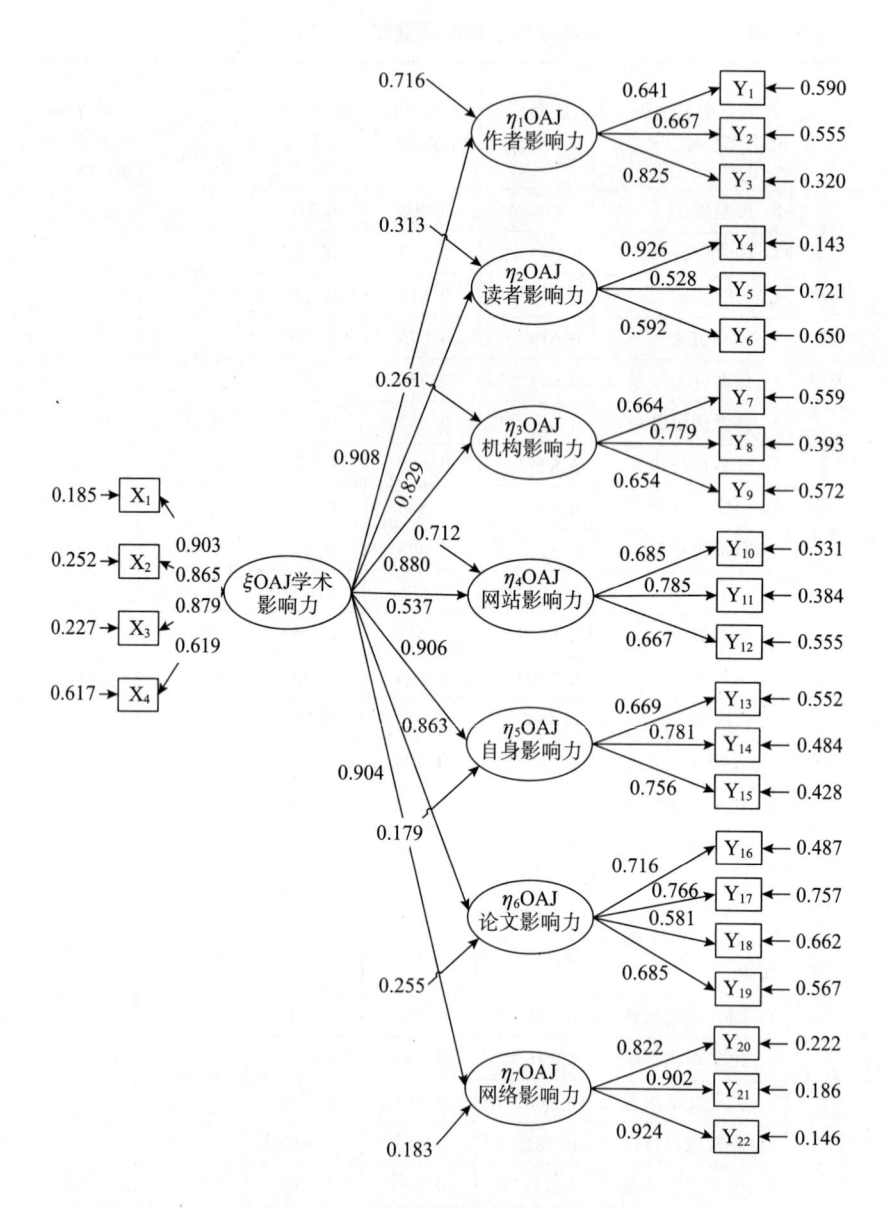

图 5-4　实证分析模型的检验结果

注：$\chi^2 = 209.979$，自由度 $= 278$，GFI $= 0.905$，RMR $= 0.045$，RMSEA $= 0.048$，AGFI $= 0.908$，NFI $= 0.904$，CFI $= 0.920$，PGFI $= 0.759$，PNFI $= 0.692$，因素负荷量为标准值。

表 5-36　　　　　　　　实证分析结果与假设验证

研究假设			路径		验证结果
假设 4-1	OAJ 作者影响力	→	OAJ 学术影响力	产生显著正影响 0.908***	成立
假设 4-2	OAJ 读者影响力	→	OAJ 学术影响力	产生显著正影响 0.829***	成立
假设 4-3	OAJ 机构影响力	→	OAJ 学术影响力	产生显著正影响 0.860***	成立
假设 4-4	OAJ 网站影响力	→	OAJ 学术影响力	产生显著正影响 0.537***	成立
假设 4-5	OAJ 自身影响力	→	OAJ 学术影响力	产生显著正影响 0.906***	成立
假设 4-6	OAJ 论文影响力	→	OAJ 学术影响力	产生显著正影响 0.863***	成立
假设 4-7	OAJ 网络影响力	→	OAJ 学术影响力	产生显著正影响 0.904***	成立

注：潜在变量的路径系数 γ 为标准化参数，* 表示 $P<0.05$，** 表示 $P<0.01$，*** 表示 $P<0.001$。

第四节　研究结果分析

通过实证研究的整体检验，开放存取期刊学术影响力理论模型假设检验均成立。开放存取期刊作者影响力与开放存取期刊学术影响力呈显著正向相关，路径系数为 0.908；开放存取期刊读者影响力与开放存取期刊学术影响力呈显著正向相关，路径系数为 0.829；开放存取期刊机构影响力与开放存取期刊学术影响力呈显著正向相关，路径系数为 0.860；开放存取期刊网站影响力与开放存取期刊学术影响力呈显著正向相关，路径系数为 0.537；开放存取期刊自身影响力与开放存取期刊学术影响力呈显著正向相关，路径系数为 0.906；开放存取期刊论文影响力与开放存取期刊学术影响力呈显著正向相关，路径系数为 0.863；开放存取期刊网络影响力和开放存取期刊学术影响力呈显著正向相关，路径系数为 0.904。从路径系数结果来看，开放存取期刊作者影响力、开放存取期刊自身影响力、开放存取期刊网络影响力对开放存取期刊学术影响力的影响较为显著，随后依次为开放存取期刊论文影响力、开放存取期刊机构影响力和开放存取期刊读者影响力，最后为开放存取期刊网站影响力。分析产生这种结果的原因，可能是由于作者是开放存取期刊资源的直接提供者、开放存取期刊自身是学术资源发挥影响力的根本所在，同时网络传播是开放存取期刊学术影响力的本质属性，因此对开放存取期刊学术影响力影响较为显著，而由于目前开放存取期刊网站建设的基础技术与实现功能基本相似，在不影响用户对开放存取期刊进行阅读的情况下，可能对开放存取期刊网站影响力关注较少，所以，开放存取期刊网站影响力对开放存取学术影响力的影响力相对较小。

综上所述，本书构建的开放存取期刊学术影响力理论模型具有普遍性意义。

第五节　实证研究结论

通过对开放存取期刊学术影响力模型进行实证检验，可以发现，在学术交流的初始阶段，开放存取期刊作者影响力较为显著，作为开放存取期刊的资源提供者，需要充分考虑作者之间的协作、国籍与以往成果的数量。在开放存取期刊机构影响力中，关注研究机构的声望，是否能够提供开放存取基金支持，以及研究机构的地理分布。在学术资源的撰写阶段，论文的内容、结构与设计的准确定位，开放存取期刊被引频次、编委构成及被权威数据库收录数量的相关选择，都会对开放存取期刊学术影响力产生正向影响。在学术资源的传播阶段，开放存取期刊所依附的网站界面的友好、功能的实现与系统的稳定给开放存取期刊学术影响力奠定了技术基础，而开放存取期刊的网络影响力，包括网络文献量、网页数、外部链接数量等影响着学术影响力的辐射范围。最终，通过开放存取期刊读者对全文下载量、页面浏览量及 IP 访问量等读者影响力，来呈现开放存取期刊学术影响力的扩散程度。

最终，通过结构方程模型的整体检验，开放存取期刊学术影响力逻辑模型如图 5-5 所示。

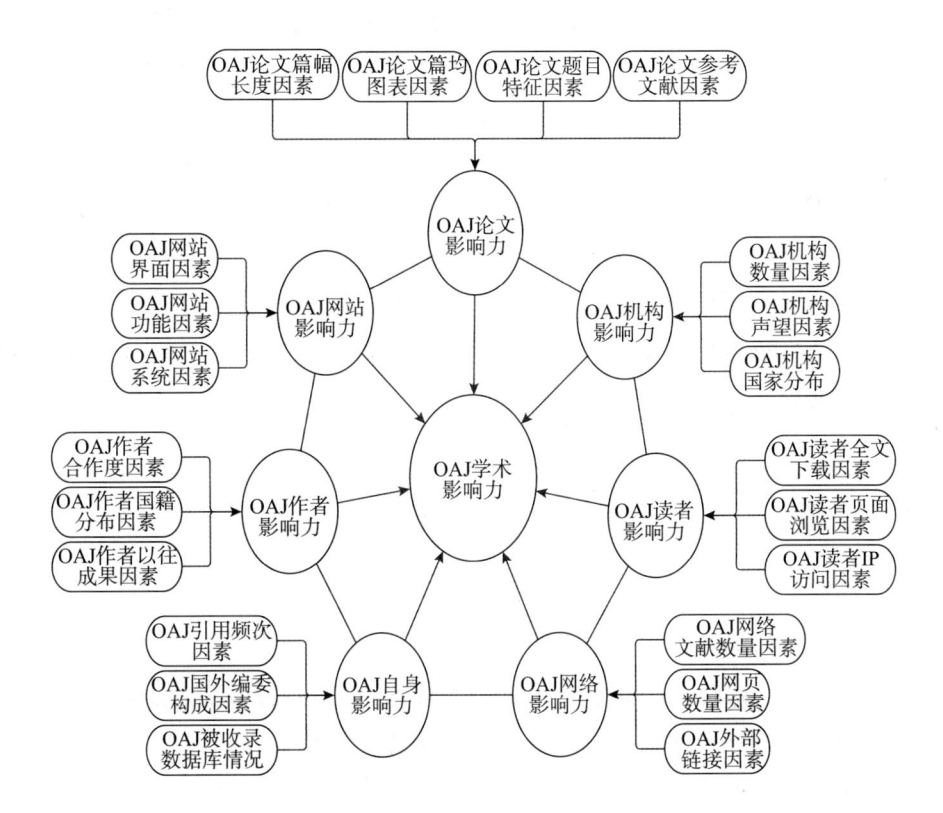

图 5-5 开放存取期刊学术影响力逻辑模型

第六章　开放存取期刊学术影响力评价研究

在上一章对开放存取期刊学术影响力关键影响因素的实证研究结论基础上，本章将对开放存取期刊学术影响力进行评价研究。首先，通过设置评价指标体系的目标与原则，构建开放存取期刊学术影响力评价指标体系；其次，利用综合评价法，对比分析国内外开放存取期刊学术影响力的评价结果。

第一节　评价指标体系构建

一　指标体系构建目标

关于开放存取期刊学术影响力评价的目标为：通过对开放存取期刊学术影响力关键指标的分析与指标体系构建，实现开放存取期刊学术影响力的评价活动，判断开放存取期刊在各个层面上的影响力价值，对比国内外开放存取期刊学术影响力的综合值，分析我国开放存取期刊学术影响力存在的问题，总结国外相对成熟的发展对策，提出我国开放存取期刊学术影响力的提升途径。基于此目的，所要构建的开放存取期刊学术影响力评价指标体系应该体现主要构成因素之间的关系。在评价时还要解决以下三个问题：

（一）定性指标的描述

在评价指标中，有一些指标属于定性指标，这类指标的量化方法通常是专家打分法。由于专家的素质、偏好、经历、知识结构等因素直接影响到指标的量化值，因而会使评价结果带有明显的主观性。

(二)指标权重的确定

在评价体系中，指标权重的确定相对重要，是指标在评价系统结构中的重要程度，即对事物结果的影响程度和作用度，权重为 0—1 的数值，数值越大，说明该指标对结果的影响程度越大。权重的确定较为客观的方法是通过分析样本数据，根据统计结果来确定的，如采用主成分分析法、因子分析、层次分析等方法确定权重。

(三)指标的无量纲化

由于所用指标具有不同的计量单位，所以，在有些评估模型中，需要将各个指标的计量单位统一，这就需要采用一定的模型将指标无量纲化。

二　指标体系构建原则

基于开放存取期刊学术影响力评价指标体系的设置应遵循以下四个基本原则：

(一)科学性原则

科学性原则是指标体系设置应遵循的基本原则。根据这一原则，指标与指标体系的设置应与开放存取期刊学术影响力及关键影响因素的概念相一致，通过所构建指标体系提供的基本数据资料，能够达到对开放存取期刊学术影响力全面客观评价的目的。因此，指标概念要准确，内涵和外延要清楚，计算方法要科学可行。

(二)定性衡量与定量衡量相结合的原则

这个原则是对指标体系的设置提出的更高层次的要求。因为只采用定量指标，仅仅能从一个层次对开放存取期刊学术影响力做出评价，评价结果不全面，具有片面性，难以得到真实的评判。如果在定量指标的基础上设置定性指标，从更高层次上，对有直接影响却又难以统一量化的各种计量因素进行考察，实行定量分析与定性分析相结合的方法，就可以避免单纯依靠定量方法所带来的缺陷。

(三) 可比性原则

指标与指标体系设置时应使其在一定时期内，在含义、范围、方法等方面保持相对的稳定性，以便于评价结果的可比性。一方面，在构建开放存取期刊学术影响力评价指标体系时，要结合我国目前政策发展与实际情况；另一方面，要与国际上比较通行的评价指标和方法相适应，以便于不同国家或不同地区之间进行比较分析。

(四) 可操作性原则

指标与指标体系设置时必须有明确的计算方法、表述方法，使各项指标容易计算出来，以便于操作。设计指标体系时还应考虑到开放存取期刊发展是一个动态的过程，有些学术影响力评价指标是需要随时间的改变而进行必要修正的，应考虑到未来适应其变化趋势与发展动态。

下文将在此基础上尝试构建开放存取期刊学术影响力评价指标体系，并根据评价对象的特点和评价指标体系的特点选择合适的评价方法。

三 评价指标体系构建

基于前文研究，综合考虑开放存取期刊作者影响力体系、开放存取期刊读者影响力体系、开放存取期刊机构影响力体系、开放存取期刊网站影响力体系、开放存取期刊论文影响力体系、开放存取期刊自身影响力体系，以及开放存取期刊网络影响力体系对开放存取期刊学术影响力的影响，并且分别为每个方面设定对应的评价指标。从而形成了一个由目标层、准则层、基础层所构成的开放存取期刊学术影响力评价指标层级体系，如图6-1所示。

第二节 评价方法

从评价的各种方法来看，定性评价与定量评价应该是统一的、相

第六章　开放存取期刊学术影响力评价研究

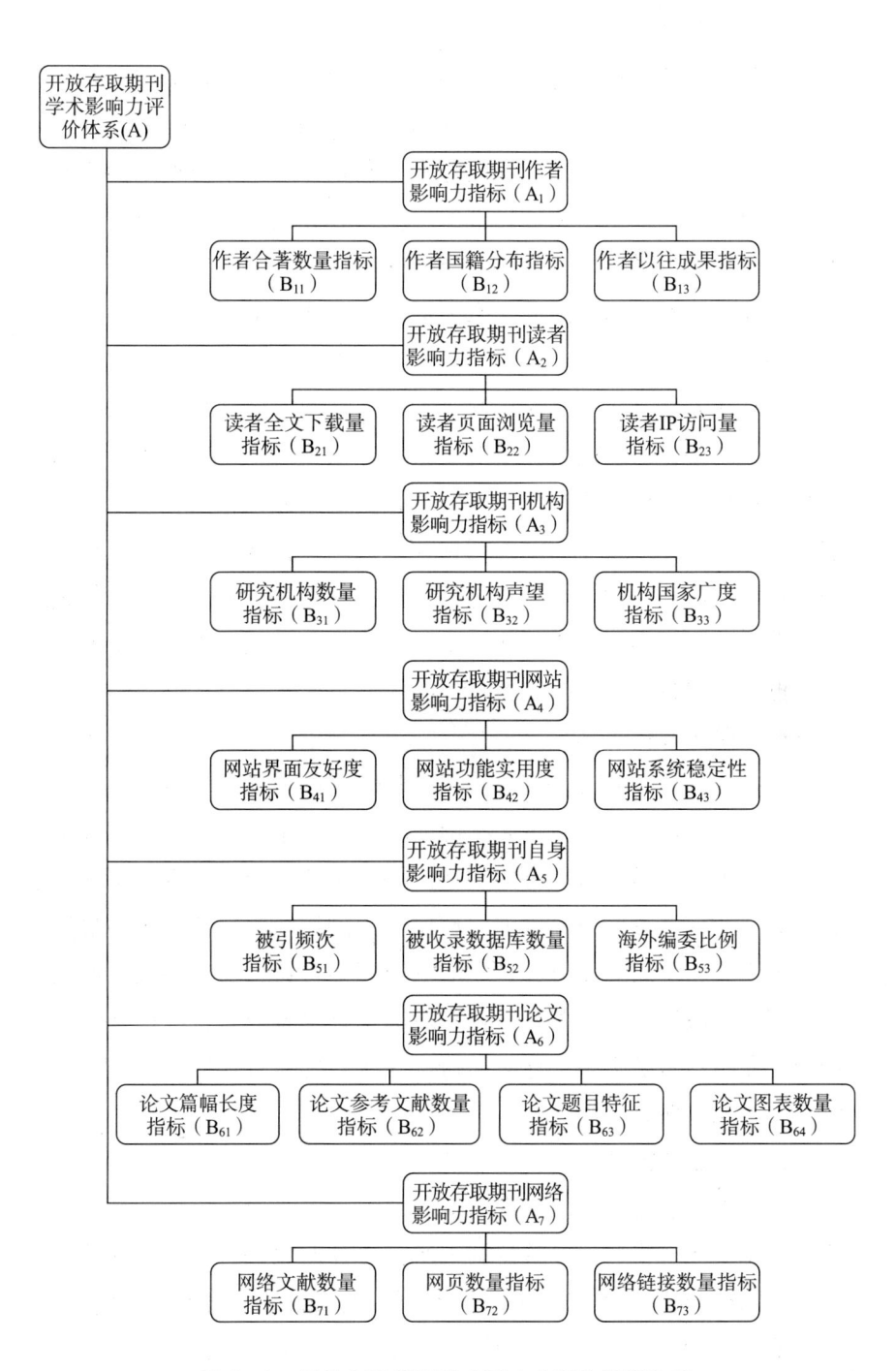

```
开放存取期刊学术影响力评价体系(A)
├── 开放存取期刊作者影响力指标（A₁）
│   ├── 作者合著数量指标（B₁₁）
│   ├── 作者国籍分布指标（B₁₂）
│   └── 作者以往成果指标（B₁₃）
├── 开放存取期刊读者影响力指标（A₂）
│   ├── 读者全文下载量指标（B₂₁）
│   ├── 读者页面浏览量指标（B₂₂）
│   └── 读者IP访问量指标（B₂₃）
├── 开放存取期刊机构影响力指标（A₃）
│   ├── 研究机构数量指标（B₃₁）
│   ├── 研究机构声望指标（B₃₂）
│   └── 机构国家广度指标（B₃₃）
├── 开放存取期刊网站影响力指标（A₄）
│   ├── 网站界面友好度指标（B₄₁）
│   ├── 网站功能实用度指标（B₄₂）
│   └── 网站系统稳定性指标（B₄₃）
├── 开放存取期刊自身影响力指标（A₅）
│   ├── 被引频次指标（B₅₁）
│   ├── 被收录数据库数量指标（B₅₂）
│   └── 海外编委比例指标（B₅₃）
├── 开放存取期刊论文影响力指标（A₆）
│   ├── 论文篇幅长度指标（B₆₁）
│   ├── 论文参考文献数量指标（B₆₂）
│   ├── 论文题目特征指标（B₆₃）
│   └── 论文图表数量指标（B₆₄）
└── 开放存取期刊网络影响力指标（A₇）
    ├── 网络文献数量指标（B₇₁）
    ├── 网页数量指标（B₇₂）
    └── 网络链接数量指标（B₇₃）
```

图 6-1　开放存取期刊学术影响力评价指标体系

互补充的。定性评价是定量评价的基本前提，没有定性的定量是一种盲目的、毫无价值的定量；定量评价使之定性更加科学、准确，它可以促使定性评价得出广泛而深入的结论。从学术研究是发现真理的自由探索和知识创造过程来看，应当充分结合定量评价与定性评价，仅靠定量或定性评价都不能准确地刻画真理性认识的阶段性和相对性，只有将两者结合起来灵活运用，才能取得学术评价的最佳效果。

在对开放存取期刊学术影响力评价时，各个指标都具有内在关联性，不同指标从不同角度反映了开放存取期刊的影响力大小，而综合各项评价指标才能构成系统的开放存取期刊评价指标体系，将它们结合起来，形成一个多元指标体系。因此，本书选取综合评价法对开放存取期刊学术影响力进行评价指标体系的研究。多元指标代表着评估方法的新发展，使评估结果更符合现实情况，本书所用综合评价法包括层次分析法和综合指数法。

一 层次分析法

层次分析法（AHP）是将与决策总量有关的元素分解成目标、准则、方案等不同层次，并在此基础之上进行定量和定性分析的决策方法。这种方法是在对复杂的决策问题的本质、影响因素及其内在关系等进行深入分析的基础上，利用较少的定量信息使决策的思维过程数学化，从而为多目标、多准则或无结构特性的复杂决策问题提供简便的决策方法，尤其适合于对决策结果难以直接准确计量的场合。在应用多准则多指标对科研成果进行综合评价时，层次分析法显示出比较明显的优越性。

二 综合指数法

综合指数法是一种以正负均值为基准，求每项指标的折算指数后再汇总成综合指数，然后按其大小对参评对象进行排序与评价的方法。综合指数表明，不同计量单位的两个或多个指标的综合水平，值大者为佳，最大者则为最优。

第三节 国内外典型开放存取期刊学术影响力评价研究

一 评价样本选取

PLoS 是目前国际上致力于开放存取出版最具有代表性且已经在学术界取得广泛影响的出版机构。PLoS 出版的 7 种生命科学与医学领域的期刊已成为国际上顶级水平的科学期刊,不仅全部被 PubMed 收录,也被 WOS 数据库收录,因此产生了较高的影响因子。PLoS 出版的 OA 期刊包括 *PLoS Biology*、*PLoS Medicine*、*PLoS Computational Biology*、*PLoS Genetics*、*PLoS Pathogens*、*PLoS ONE*、*PLoS Neglected Tropical Diseases*,读者都可以免费获取全文。其中,*PLoS Biology* 是 PLoS 发行的第一本开放存取期刊,*PLoS Biology* 和 *PLos Medicine* 这两本期刊影响因子已经达到了相当高的水平。除此之外,PLoS 于 2006 年年末创建的在线期刊 *PLoS ONE* 是一本跨学科的综合性期刊,在短短的几年时间里迅速成长,被 Web of Science 收录的论文数量由最初的百篇增至上万篇,也就是说,其影响范围的广度正不断地保持发展态势,而且不仅发文数量迅猛增长,发文质量也受到了广大科研工作者的肯定。

开放存取期刊在我国还是一个新生事物,相对于国外蓬勃发展的开放存取期刊和机构资源库建设,我国开放存取期刊发展尚处于初级阶段。我国目前《开放存取期刊目录》(Directory of Open Access Journal)所收录 OA 期刊有 32 种,基本符合开放存取基本特征的学术期刊有《中国药理学报》(*Acta Pharmacologica Sinica*)、《国际网上化学学报》(*Chemical Journal on Internet*)、《植物学报》(*Chinese Bulletin of Botany*)、《中华医学杂志》(*Chinese Medical Journal*)、《动物学研究》(*Zoological Research*)、《中国昆虫科学》(*Entomologia Sinica*)、《中国化学快报》(*Chinese Chemical Letters*)、《细胞研究》(*Cell Re-*

search)、《植物生态学报》(Chinese Journal of Plant Ecology)、《植物分类学报》(Journal of Systematics and Evolution)、《生物多样性》(Biodiversity Science)、《亚太科学教育论坛》(Asia-Pacific Forum on Science and Learning)和《中国图书馆员和国际教育改革杂志》。通过 Web of Science 数据库,将 DOAJ 目录中收录的中国 OA 期刊名称进行逐一对比,发现目前中国被 SCI 收录的 OA 期刊仅有9种,分别是《中华医学杂志》(Chinese Medical Journal)、《科学通报》(Chinese Science Bulletin)、《无机材料学报》(Journal of Inorganic Materials)、《红外与毫米波学报》(Journal of Infrared and Millimeter Waves)、《世界肠胃病学杂志》(World Journal of Gastroenterology)、《中国铸造》(China Foundry)、《中国药理学报》(Acta Pharmacologica Sinica)、《细胞研究》(Cell Research)和《中国化学快报》(Chinese Chemical Letters)。

经过多年的发展,PLoS 已经形成了比较成熟的 OA 期刊质量控制机制,所出版的 OA 期刊保证了其较高的质量和较强的影响力,而我国 OA 期刊质量控制机制相对较弱。因此,我们选取 PLoS 出版的6种生物医药 OA 期刊,与国内发展相对较好的生物医药领域 OA 期刊,即我国被国际权威数据库 Web of Science 收录的《中华医学杂志》《科学通报》《细胞研究》《中国药理学报》《中国化学快报》《世界肠胃病学杂志》6种开放存取期刊,从前文实证研究的7个层面对开放存取期刊学术影响力进行对比分析。

在评价研究过程中,国内外每种期刊各项指标数据的具体收集过程与第五章实证研究中数据收集的操作步骤相同,详见本书第五章第一节第四小节有关内容。

二 指标权重确定

本书研究根据层次分析法的理论分析,利用问卷调查法及专家反馈意见等对每个指标分别赋予不同的权重打分,运用定性定量结合的综合评价方法对开放存取期刊学术影响力进行多元评价。参考已有的相关研究成果对所选指标进行实践筛选,确保主导方向切实可行、研究结果真实可信。为了保证数据收集的科学有效性，本次调查分别向对期刊论文和网络评价非常熟悉的期刊编辑部专家及网络信息计量专家发放问卷，以获取开放存取期刊学术影响力评价多元指标的相对重要性权值。并在设计调查问卷时做到了简明、清晰，使专家能够快速了解此次调查的目的与意义，对问卷信息做及时的反馈并提出相关建议。邀请专家自上而下对指标体系中各层次指标进行两两相互重要程度的判别比较，采用层次分析1—9 标度法将任意两指标重要性之比分为1—9 个等级，本次调查问卷及1—9标度法。

本次调查共对 10 位编辑部审稿专家和网络信息计量专家发放问卷，这 10 位专家学者都给予了相应的回应并参与打分，对 7 个指标进行两两重要性判断。然后利用著名的 MATLAB 软件进行计算，对本次回收的 10 份问卷进行矩阵判断结果有效性考察，即完成以上判断矩阵的一致性检验。本次评价的一级指标为 7 个，即 $n = 7$；其中，RI 为平均一致性指标，可查表 6 - 1 得知；一致性指标 CI = $(\lambda - n)/(n - 1)$，λ 为判断矩阵的最大特征值；CR 为检验系数，CR = CI/RI。

表 6 - 1　　　　　　　　　平均一致性指标

阶数	1	2	3	4	5	6	7	8	9
RI	0	0	0.58	0.89	1.12	1.24	1.32	1.41	1.45

通过平均一致性指标表 6 - 1 得知对应 $n = 7$ 的 RI 值为 1.32，假设某一判断矩阵的最大特征值 λ 为 7.6793，则一致性检验方法如下：

CI = $(\lambda - n)/(n - 1)$ = $(7.6793 - 7)/(7 - 1)$ = 0.1132

RI = 1.32

CR = CI/RI = 0.0857

其中，0.0857 < 0.1，即 CR < 0.1，表示通过了一致性检验，其

对应的判断矩阵结果有效、可用,对应特征值 λ 的特征向量也可以作为多元指标评价的输入权值。若 CR > 0.1,则表明专家在估测矩阵元素指标的相对重要性判断过程中出现了判断结果前后矛盾的现象,并且不一致程度超出了误差范围,则该矩阵判断的结果无效、不可用,需要重新调整判断矩阵。

在本次回收的 10 个矩阵中,通过一致性检验结果的矩阵有 8 个,即对这 8 位专家的有效估测结果的矩阵特征向量进行数学平均并将其归一化,最终得出 7 个一级指标的相对重要性权值分别为 OAJ 作者影响力指标(0.196)、OAJ 读者影响力指标(0.093)、OAJ 机构影响力指标(0.127)、OAJ 网站影响力指标(0.058)、OAJ 自身影响力指标(0.204)、OAJ 论文影响力指标(0.135)和 OAJ 网络影响力指标(0.187),具体权重如表 6 - 2 所示。

表 6 - 2　开放存取期刊学术影响力评价指标体系权重确定

一级指标	权重	二级指标	权重
OAJ 作者影响力指标(A_1)	0.196	作者合著数量指标(B_{11})	0.315
		作者以往成果数量指标(B_{12})	0.387
		作者国籍分布指标(B_{13})	0.298
OAJ 读者影响力指标(A_2)	0.093	读者全文下载数量指标(B_{21})	0.451
		读者页面浏览数量指标(B_{22})	0.253
		读者 IP 访问量指标(B_{32})	0.296
OAJ 机构影响力指标(A_3)	0.127	研究机构数量指标(B_{31})	0.298
		研究机构声望指标(B_{32})	0.391
		机构国家广度指标(B_{33})	0.311
OAJ 网站影响力指标(A_4)	0.058	网站界面友好度指标(B_{41})	0.282
		网站功能实用度指标(B_{42})	0.302
		网站系统稳定性指标(B_{43})	0.416
OAJ 自身影响力指标(A_5)	0.204	被收录数据库数量指标(B_{51})	0.283
		被引频次指标(B_{52})	0.425
		海外编委比例指标(B_{53})	0.292

续表

一级指标	权重	二级指标	权重
OAJ 论文影响力指标（A_6）	0.135	论文篇幅长度指标（B_{61}）	0.252
		论文参考文献数量指标（B_{62}）	0.245
		论文题目特征指标（B_{63}）	0.196
		论文图表数量指标（B_{64}）	0.307
OAJ 网络影响力指标（A_7）	0.187	网络文献量指标（B_{71}）	0.216
		网页数量指标（B_{72}）	0.346
		网络外部链接数量指标（B_{73}）	0.438

三 应用评价研究

本书评价的对象为美国与中国较为典型的开放存取期刊，各6种，共12种开放存取期刊，采用了评价体系中一级指标7个，二级指标22个指标，运用综合指数法对样本收集的数据进行计算处理，并依据综合指数值的大小来排序，从而对比本书实证研究中国内外样本期刊的学术影响力高低。并将实验结果得到的综合 K_i 值与 JCR 收录影响因子做对比，分析此次评价体系构建的合理性。

在评价研究中，开放存取期刊的原始统计数据所构成的矩阵为 X_{ij}，设 m 为评价样本的个数，即 m = 12；p 为指标个数，即 p = 22；其中，i = 1, 2, 3, …, 12 为样本编号；j = 1, 2, 3, …, 22 为指标编号，X_{ij} 表示第 i 个对象的第 j 个指标值，$\overline{X_j}$ 为第 j 个指标值的均值。本书基于综合指数法计算论文的综合指数，具体步骤如下：

第一步，计算所有参评样本和评价指标的均值，其计算公式为：

$$\overline{X_j} = \frac{1}{m} \sum_{i=1}^{m} X_{ij}$$

第二步，将各指标值做归一化处理，其计算公式为：

$$K_{ij} = \frac{X_{ij}}{X_j}$$

其中，K_{ij} 称为 X_{ij} 的折算指数，X_j 为第 j 个指标值。

第三步，通过专家估测法，对所有指标进行两两重要性比较，确定评价指标的权重值，数据如表6-2所示。

第四步，计算加权综合指数值 K_i，其计算公式为：

$$K_i = \sum_{j=1}^{p} W_j K_{ij}$$

其中，W_j 为第 j 个指标的权重值。

第五步，排出综合指数序，或称加权综合指数序，按其值大小进行降序排列，对参评对象做出评价。

四 国内外典型开放存取期刊学术影响力评价结果对比分析

利用上述公式，对样本 OA 期刊具体数据进行计算，得出综合指数值，将开放存取期刊学术影响力综合值 K_i 与 JCR 中影响因子做对比，在12种期刊的降序排列中，具有70%左右的相似程度，详见表6-3，其他不同原因可能是由社会影响力与传播影响力等造成的，说明多指标体系要比单一影响因子更具有科学性和全面性。因此，开放存取期刊学术影响力评价指标体系构建成功，评价研究的指标选取具备合理性、实用性和可操作性。

然后，将国内外典型 OA 期刊学术影响力评价体系中每个一级指标综合指数值进行对比。其中，A_1 代表 OAJ 作者影响力指标，A_2 代表 OAJ 读者影响力指标，A_3 代表 OAJ 机构影响力指标，A_4 代表 OAJ 网站影响力指标，A_5 代表 OAJ 自身影响力指标，A_6 代表 OAJ 论文影响力指标，A_7 代表 OAJ 网络影响力指标，具体结果如表6-3所示。

从以上结果来看，美国6种典型生物医药类开放存取期刊的学术影响力要高于国内6种综合分值。12种 OA 期刊最终 K_i 的排序结果详见表6-4。

除此之外，我们按照一级指标中各综合指数值，对中美两国的开放存取期刊样本进行对比。由于每一层综合指数值越高，代表其相对影响力也越高，我们分别按各一级指标维度将排序在前1/3和2/3的样本进行分析，查看国内外样本数据在每个一级指标层面上所占比重，对比中美两国开放存取期刊的影响力，具体结果如表6-5与表6-6所示。

表6-3　　　　　开放存取期刊学术影响力评价结果

中美两国开放存取期刊名称	A_1	A_2	A_3	A_4	A_5	A_6	A_7	综合值K_i	影响因子
PLoS Biology	0.85	2.16	1.07	2.01	1.6	1.66	1.26	1.52	13.501
PLoS Clinical Trial	1.37	0.74	1.27	0.57	0.79	0.87	0.89	0.81	4.77
PLoS Computational Biology	0.93	1.12	0.92	0.53	1.2	0.88	0.87	0.94	6.24
PLoS Genetics	1.4	0.76	1.12	0.54	0.57	1.18	1.14	0.97	8.72
PLoS Medicine	1.06	0.88	0.89	2.51	1.15	1.13	1.25	1.51	12.6
PLoS Pathogens	0.83	0.86	1.17	0.68	1.13	0.79	1.05	1.35	9.35
中华医学杂志	0.79	1.02	0.54	1.61	0.5	0.77	0.82	0.82	0.64
科学通报	0.62	0.88	1.18	0.63	0.66	0.96	0.9	0.78	0.77
世界肠胃病学杂志	0.8	1.04	0.76	1.05	1.03	0.85	0.89	0.89	2.24
中国药理学报	1.05	0.79	0.58	0.42	0.9	0.54	1.02	0.86	1.68
细胞研究	1.3	0.91	2.05	0.55	1.18	1.06	1.12	1.22	4.22
中国化学快报	0.76	0.89	0.69	0.29	0.3	0.53	0.79	0.69	0.34

表6-4　　　　　开放存取期刊学术影响力综合值排序

1	2	3	4	5	6
PLoS Biology	PLoS Medicine	PLoS Pathogens	细胞研究	PLoS Genetics	世界肠胃病学杂志
1.52	1.51	1.35	1.22	0.97	0.89
7	8	9	10	11	12
PLoS Computational Biology	中国药理学报	中华医学杂志	PLoS Clinical Tria	科学通报	中国化学快报
0.94	0.86	0.82	0.81	0.78	0.69

表6-5　　　　　前1/3样本排序结果

	A_1	A_2	A_3	A_4	A_5	A_6	A_7
美国	占3种	占2种	占3种	占2种	占3种	占3种	占3种
中国	占1种	占2种	占1种	占2种	占1种	占1种	占1种

表 6–6　　　　　　　　　前 2/3 样本排序结果

	A_1	A_2	A_3	A_4	A_5	A_6	A_7
美国	占 6 种	占 3 种	占 6 种	占 4 种	占 5 种	占 5 种	占 5 种
中国	占 2 种	占 5 种	占 2 种	占 4 种	占 3 种	占 3 种	占 3 种

结果表明，无论从评价体系中哪个一级指标层面，还是选取样本的前 1/3 或前 2/3 数据进行排序，美国 6 种典型 OA 期刊各指标影响力分值优于国内 6 种 OA 期刊。从评价体系一级指标各维度的比较结果来看，我国开放存取期刊学术影响力的评价指标，除开放存取期刊读者影响力指标和开放存取期刊网站影响力指标，其余指标均值相比美国家开放存取期刊略显较低。分析产生这种情况的原因，可能是由于我国人口基数较大，相对读者数量较多，同时我国网络基础设施不断完善，开放存取期刊网站建设相对良好。总体来说，我国处于开放存取建设的初级阶段，每个一级指标各层面影响力均需提升，我国开放存取期刊的发展与学术影响力的提升还需要一定的时间与空间。

学术成果及科技期刊量化评价是一项很复杂、很困难的事情，到目前为止，国内外还没有一套完善有效、可操作性强的方法来对人们的科研成果和科技期刊的学术影响力进行全面评价。而学术影响力的评价最终依赖于时间和社会评价的实践检验，在有限时间和实践中所得出的评价结果具有相对性，不能将其绝对化，也不能因其相对性而否认其合理性和必要性。

第七章　开放存取期刊学术影响力提升对策研究

第一节　我国开放存取期刊学术影响力发展"瓶颈"

结合我国开放存取期刊目前的发展现状，通过国内外高水平 OA 期刊的对比分析，可知我国开放存取期刊的发展、期刊的质量和影响力在向国际化迈进的进程中，都亟须提升，尽管我国 OA 期刊出版已经取得了一些成绩，但还要面临诸多的问题与挑战。因此，总结我国开放存取期刊的发展与学术影响力提升的"瓶颈"有以下十六个方面。

一　开放存取期刊数量问题

我国具备开放存取期刊特征的期刊数量不是很多，相比我国每年多达数千种学术期刊的数量，只有十几种开放存取期刊，其比重是微乎其微的。

二　评价机制导向问题

国内学术期刊发展滞后于学科发展，优秀论文外流现象严重。受科研评价体系、期刊出版环节等因素影响，国内高水平论文的作者偏重选择到国际期刊发表，导致大量优秀论文流失国外。同时，由于国内的评奖评优体制，大多研究者不会放弃在顶级期刊上发表论文所带来的种种好处，而选择新模式的开发期刊。

三 开放存取期刊体制原因

国际知名学术出版机构都是在全球范围内进行市场竞争，我国开放存取期刊在编辑、出版、营销、合作等环节能够突破国家界限的寥寥无几，还未有真正达到国际上具有竞争实力的科技期刊出版机构。

四 开放存取期刊出版问题

在出版方式方面，以数字化、网络化为代表的信息技术带来了出版方式的革命性变革，已经成为科技期刊发展的主流趋势，而我国科技期刊数字化程度明显滞后于国际化进程。

五 国际语言问题

目前，英语仍然是国际科技信息传播的主要语言，也是科技期刊能够成为国际性刊物的基础要素。我国英文版科技期刊现有247种，仅占我国科技期刊总数的4%左右，数量和质量都远不能满足扩大我国科技期刊影响力的需要。

六 学科分布问题

我国已建立的开放存取期刊大部分属于理工科领域，人文社会科学方面的开放存取期刊很少，这也是我国开放存取运动发展需要注意的一个方向。特别是我国科学研究中，对理工科的支持力度远大于人文社会科学的研究，理工科项目基金来源广泛，数量较多，这也为向开放存取转换提供了有力支持。

七 作者合作度问题

期刊的学术水平依赖于期刊作者群体的学术水平，期刊的作者影响力是期刊每一位作者影响力的累积。因此，如果我国开放存取期刊包含较多领域内的重要作者，则该期刊在研究领域内会具有较高的认可度和学术声誉。

八 网站体系设计问题

网站的体系设计和风格方面，大多是参照、仿制国外开放存取资源库建设的实践。这表明我国的OA资源库还是在国外的带动下开展，缺乏自主开发的开放存取软件。

九 质量控制问题

广大科研人员还是比较重视科研成果的质量，一流的期刊必然要有一批优秀的主编、编委和同行评议人员为其论文的发表把好质量控制关，如果开放存取期刊没有好的质量控制手段，必然影响其在科研人员心中的影响力。缺少一些质量控制机制，过于随意。大多数国内的开放存取资源库都没有严格意义的审稿程序，通常只对论文进行简单的审核，不违反国家法律法规的要求就迅速发表。这样就使网上的信息质量良莠不齐。

十 服务功能问题

我国的 OA 资源库在服务功能方面还不太令人满意。以中国预印本服务系统为例，只能进行简单的分类检索和全文检索，类似于现状的搜索引擎，而不能提供更专业化、个性化和智能化的服务。

十一 基金资助问题

中国大部分学术期刊没有广告收入，只能靠收取一定的版面费和发行期刊来支持运行。因此，一般不愿意将期刊全文 OA 化，一般只是采取将目录、摘要、关键词等基本信息上传到网页，或是只将过刊上传到网站上。

十二 编委构成问题

我国 OA 期刊的编委构成上相比 BMC 编委要显得略少，在编委学历上，国外基本上都是博士学历以上，保证了编委会成员的权威性。同时，国际顶级 OA 期刊的海外编委数量比重较大，而我国外国编委的比例相对较小，不利于提高期刊的海外知名度和国际声望。

十三 地域差异问题

我国 OA 期刊的主办单位几乎都分布在北京、上海等经济较发达的大都市，覆盖范围不广泛，对于经济欠发达地区，缺少创办 OA 期刊的意识与能力，非常不利于学术资源的共同发展与广泛传播。

十四 被收录的权威数据库数量问题

期刊被国际权威数据库收录能扩大论文的传播渠道,大大提高论文的学术影响力。由于我国处在开放存取期刊发展的摸索阶段,被国际权威数据库收录的数量相对较少。

十五 版权问题

开放存取期刊的版权大多依照创作共同协议,但我国 OA 期刊仍存在多样化的版权归属形式,所以,作者、读者和出版商三者之间的利益问题与最终版权归属问题尚未统一。

十六 国家政策问题

发达国家的有关机构和组织经过多年的实践和探索,相继制定出较为切实可行的 OA 政策,而我国缺少国家政策支持和专业的机构进行指导。因此,在数字化资源的大环境发展状况下,没有良好的政策导向做支撑,也会使我国 OA 出版模式的进程受阻。

因此,我们需要通过分析我国开放存取期刊发展的问题所在,借鉴美国 PLoS 与英国 BMC 的成功经验,促进我国开放存取事业的发展,提升国内开放存取期刊学术影响力,从而促进我国开放存取期刊的进一步发展。

第二节 我国开放存取期刊学术影响力提升途径

我国开放存取学术资源走向国际受到鼓励,正致力于由科技大国向科技强国逐步迈进,提升国内开放存取期刊的国际影响力成为首要任务。虽然国内许多开放存取的支持者一直在努力改善开放存取期刊的质量,但是,国内高水平的开放存取期刊仍不多见。

通过对比分析国内外典型开放存取期刊的发展现状,针对我国开放存取期刊学术影响力的现存问题,本书将从以下九个层面提出提升我国开放存取期刊学术影响力的途径。

一 提升开放存取期刊作者影响力

(一)增加作者合作力度

我国开放存取论文的作者合著数量相比国外开放存取期刊的作者合作数量偏少,而合著作者的影响力是由每个作者的影响力相加在一起的,每位作者都有自己固定的用户群。因此,增加作者合著数量,可以提升开放存取学术成果整体作者的受关注程度。

(二)注重作者以往成果数量

我国拥有学科领域多产的作者数量并不多,相对国外开放存取期刊作者以往成果数量,我国科研人员的成果平均数量较少,而通常多产的作者在某一学术领域会有相对成熟的科研思想与独特的见解,同时高职称或高学历的作者一般能够吸引更多读者的关注。因此,鼓励我国多产作者与高职称作者一起合作,我国产出的开放存取科研成果影响力将会较大。

(三)提高作者 OA 发表意愿

提高作者 OA 发表意愿,可以促进开放存取学术资源的交流与共享。作者是学术资源的提供方,如果学者能从全球学术资源交流共享的全局角度出发,而不局限于期望在等级较高的期刊上发表自己成果的思维中,开放存取学术资源将会得到迅猛发展,影响程度也不言而喻。

二 提升开放存取期刊机构影响力

(一)加大机构 OA 资金支持

我国处于开放存取实践初级阶段,机构给予开放存取的支持力度还相对较小。鼓励我国学术机构将研究成果以 OA 模式出版,加大研究机构对 OA 期刊的大力支持,全面开展开放存取学术活动,增加设立用于支持 OA 科研成果的专项资金,从而保证学术资源的共用共享与创新发展。

(二)提高研究机构声望

我国研究机构相比国外的高校、研究所等机构声望排名要较为落后。而研究机构的声望在某种程度上体现了科研人员的学术能力,名望较高的机构通常培养的科研人员学术水平也较高。因此,不断加强研究机构的软件与硬件建设,能够促进科研人员学术成果的影响力。

（三）增进国际机构出版合作

我国的科技期刊出版体制还不完善,改革现行学术期刊出版系统和机制,减少 OA 期刊创办的限制。从全球角度出发,尝试与国际上名望较大的国际出版商合作出版,如清华大学出版社与斯普林格(Springer)出版社共同出版发行的《纳米研究》,适应国际开放存取出版机制,成为被国际权威数据库收录的中国开放存取期刊。因此,增强国际合作出版能够大大提高我国 OA 期刊在国际的知名度。

三　提升开放存取期刊网站影响力

（一）优化期刊网站空间

我国网站的体系设计和风格方面,大多是参照与仿制国外开放存取资源建设格局。而每个国家的用户学术习惯与用户行为略有不同,应根据我国读者的偏好,合理布局网站界面结构,规范学术资源编辑,加速我国开放存取期刊网站的基础建设。

（二）构建国际化 OA 期刊平台

目前,我国大型开放存取期刊平台极少,不利于学术资源的全面覆盖。应加强对开放存取平台的建设,扩大宣传广度,吸引更多学术带头人接受使用开放存取模式,参与到开放存取平台的国际化建设中,发挥专家的积极影响和作用,促进 OA 期刊平台的发展,促使我国开放存取资源走国际化路线。

（三）实现个性化服务功能

我国开放存取期刊网站能够基本满足用户对开放存取期刊阅读与使用的需求。除能够实现网站界面友好简明、运行性能稳定、导航实用明了、反应速度良好等特性之外,我国开放存取期刊网站应尽量从用户角度出发,实现个性化服务功能,如设置资源跟踪服务,以便作者查看自己的研究被引用情况,从而提升我国开放存取期刊网站用户的满意度。

四　提升开放存取期刊读者影响力

(一)增加全文开放存取数量

我国大多数学术团体作为出版商规模都比较小，大多数期刊网站都选择延时开放存取模式，而不是即时开放存取模式，学术资源没有秉承开放存取快速传播的特征，未能突破发表滞后的时间限制，从而减少了一大部分读者的访问量，以及读者点击率。因此，应提升全文开放存取收录的数量，增加开发存取读者覆盖范围。

(二)提高公众开放存取认知

发达国家的经验告诉我们，自从科技期刊出版向 OA 模式过渡后，学术期刊的读者数量有了显著的提升。国内的相关人员和机构，包括科研人员、出版机构、图书馆、科研资助机构以及政府管理部门都应该重视和积极试验 OA 期刊出版模式，加大对开放存取期刊的宣传力度，增加公众论文下载量，一定程度上提高开放存取期刊的学术影响力。

五　提升开放存取期刊论文影响力

(一)减少国际语言束缚

如果我国想要全球的读者都积极使用中国的学术成果，那么先决条件是要多以英文为出版期刊语言。为避免语言障碍使中文科技期刊难以被其他国家的科研人员所认可，我国要重视科技期刊国际通用语种的使用。鼓励通过以奖促建的方式，启动国际科技期刊奖项，专门用于支持英文科技期刊的创新发展，不断促进我国科研工作者运用英文进行科技论文的写作能力。

(二)增加论文图表数量

我国开放存取期刊论文中图表的数量相比国外略少，这有可能是由于学科差异造成的。但从整体来看，图表数量多的论文往往会吸引更多的引文，因为论文中图与表出现的数量能够反映更大量的实际贡献，或者论文中图表比文字更具有陈述的清晰度。因此，增加开放存取论文中图与表的数量，能够在一定程度上提升论文的影响力。

（三）增加论文篇幅长度

国内的论文在篇幅长度方面与国外较有不同，例如，综述类型的论文要比国内论文篇幅长很多，同时获得的引文数量也相对较多。因为较长的论文可能会更有实质贡献，包含更多的研究结果，因此，增加论文篇幅长度，相对获得的引文数量也会更多。

六 提升开放存取期刊自身影响力

（一）增加国外编委数量

相比国外知名的开放存取期刊，我国开放存取期刊的编委数量偏少，而且海外编委的比例较小。如英国BMC出版的OA期刊中，海外编委比例平均高达80%左右，编委会成员与期刊文章评审人员来自美国、中国、德国、俄国、韩国、巴西、荷兰和以色列等多个国家和地区，国外编委比例均较高。国外编委在知识结构、思维方式与价值倾向方面存在较大的主观差别，从而对论文评议有各自独到的见解。因此，提高开放存取期刊的国外编委数量，对学术资源的影响力起着非常重要的作用。

（二）扩大学科收录范围，减少学科差异

通过我国开放存取期刊平台，中国科技论文在线的科技期刊收录情况来看，我国开放存取资源中，相比自然科学类期刊，人文社会科学类期刊比重较低，仅占期刊总数的20%左右。提高对社会科学论文信息资源的高度重视，扩大对社会科学领域论文信息资源的收录力度，全面收集各个学科、各个领域的论文资源，减少学科差异，将有利于提升我国整体学科开放存取资源的学术影响力。

（三）减少地区差异，增强地区影响力度

目前，我国开放存取资源存在显著的地区差异。相比经济较发达的地区，开放存取资源相对较多，而相对来说，教育资源匮乏、科技欠发达的地区，开放存取资源的成果较少，不利于我国整体的学术影响力提升。因此，我国应在OA期刊实践中，平衡各地区OA学术资源，在经验摸索中不断丰富学术资源数量，增强地区开放存取的影响力。

（四）严格控制质量机制

影响开放存取被社会接受的另一个因素是开发存取资源的质量。未来开放存取期刊要以严格的质量评审制度作为发展的中心任务。我国同行评审的效果还不够理想，主要原因可能是同行评审制度还不完善，在评审专家资格的选择方面有待改进。从稿件提交、出版前审稿、出版中格式规范和出版后的质量评价等环节，严格控制其质量机制，不断增加被国际权威数据库收录的数量，有利于提升我国开放存取期刊的学术影响力。

七 提升开放存取期刊网络影响力

（一）加强学术搜索引擎开发

目前，我国科研人员通过搜索引擎获取学术信息方式的比重越来越大，利用搜索引擎查询学术信息的方式比较直接，但我国的搜索引擎返回的结果难以去除混杂信息。美国的 Google Scholar 弥补了这个缺陷，在学术资源的利用上，增强了用户的相关性，在开放存取资源的网络建设方面较为科学。因此，加强搜索引擎与学术机构的合作也是影响开放存取期刊发展的关键因素。

（二）扩大网络传播影响力度

在网络影响力方面，我国开放存取期刊已经产生了一定的网络影响力，获得了来自其他网站的链接，但是，影响力处于较高水平的开放存取期刊只占少数，不利于我国开放存取网络传播渠道。因此，扩大网络影响力度对于提升开放存取期刊的学术影响力扩散传播具有重要意义。

八 制定宏观国家开放存取政策

（一）制定国家强制性开放存取政策

在开放存取政策方面，我国还没有出台具有针对性的法规政策。从发达国家的经验来看，如美国的《加强对 NIH 资助研究的存档出版物公共获取的政策》、英国的《对研究成果开放存取的立场声明》，要求由相应研究机构资助的学者，其研究成果必须以 OA 形式发表，之后，英国和美国的 OA 运动便迅速地蔓延开来。因此，制定符合我国国情的开放存取发展政策,通过强有力的信息引导,可以保障我国 OA 事业的蓬勃发展,提高我国开放存取学术资源的地位。

(二)改善国家学术评价机制

在我国科研机构和高校中,职称评定、项目申报、评奖评优,都与 SCI 论文或国际论文挂钩,这已经成为国内普遍实行的学术政策。在这种环境中,对于新兴的开放存取模式来说,成果首发的功能被削弱和扭曲,为避免学术资源不实行开放存取及向国际外流的情况发生,我国应建立社会普遍认可的科学公正的开放存取期刊评价机制。因此,改善我国学术评价政策的导向至关重要。

九　保障开放存取各方权益

(一)完善开放存取资源保护机制

开放存取模式的实现,应该更注重与发展知识产权法,建议通过创作共同协议来解决知识产权与公共存取的矛盾。因此,倡导我国开放存取期刊的版权能够采用创作共同协议要求,建立与数字信息资源相适应的知识产权保护机制。

(二)协调开放存取各方利益

我国 OA 期刊仍存在多样化的版权归属形式,作者、读者和出版商三者之间的利益问题与最终版权归属问题尚未统一。只有国家、科研机构、数据集成出版商、期刊社、作者等各方都达成共识,才能加快实施中国科技期刊的全面开放存取出版,才能更好地促进学术资源交流,实现科技成果的广泛共享。

通过以上途径,将我国打造出一批国际知名、国内领先的开放存取科技期刊群,提升我国开放存取科技期刊国际影响力和竞争能力。

第三节　我国开放存取期刊发展与学术影响力提升对策

我国科技期刊的影响因子和总被引频次的平均值远低于国际平

均值，为全面提升我国开放存取科技期刊学术质量与国际影响力，促进全球学术资源更好地交流与共享，发挥我国科技引领、示范与促进作用，本书从以下五个方面提出我国开放存取学术资源的发展战略。

一　制定开放存取资源发展政策，明确知识产权保护机制

我国开放存取资源实践落后于政府信息公开实践，没有建立专门的发展政策。只有通过相应的法律政策，才能促进我国开放存取资源的快速发展。

（1）制定关于学术资源开放存取的发展政策，用以强调学术信息资源的公开和实施。

（2）借鉴国外经验，支持开放存取模式的科研项目立项及成果发表，并在政策上对评优评先、职位晋升、成果评定的重要考量指标给予官方认可。

（3）加快制定数字资源标准规范，明确开放存取资源的版权归属制度，使各利益团体协调一致。

（4）倡导采用国际上较为通用的创作共同协议，对开放存取成果进行资源保护，应对数字成果的创作与应用关系。

二　普及开放存取理念，提高学术共享认知

开放存取是实现全球学术交流的有效途径，我国加入开放存取运动的热潮中，鼓励科技界、学术界、出版界、信息传播界树立开放存取理念，促进学术资源的有效共享。

（1）国内起带头作用的研究协会组织要加大对研究成果开放存取的呼吁，以研讨会的形式对开放存取资源的价值进行宣传，对开放存取期刊资源的利用进行教育培训。

（2）国内各界人士应共同努力，消除数字鸿沟，逐步改善我国学术资源分布不均等的现状，改善欠发达地区的教育资源匮乏与缺少基础科学公共服务的问题。

（3）鼓励科研工作者将自己的学术成果向开放存取资源转化，重视科研人员对学术资源最关注的因素，提高稿源作者对学术交流

与共享的认知。

三 改革我国现有出版机制，调整开放存取出版模式

探索适合我国国情的学术出版机制，调整我国科技期刊出版模式，适当地增加开放存取出版比重，逐步促进开放存取资源的影响。

（1）改革我国现行学术期刊的出版系统和机制。减少我国一些不必要的办刊限制及本土化科技期刊，增加开放存取期刊的 ISSN 许可，同时支持较为活跃的现有期刊向开放存取期刊转型，采纳全球学术期刊的混合 OA 模式。

（2）开展多种形式的经济补偿机制。制定科学的政策，实施开放存取商业模式，逐渐实现开放存取期刊在国家一定的扶持和资助下自给自足和可持续发展。

（3）积极推进开放存取出版的国际合作。尽量与海外出版机构合作，如 Elsevier、Wiley、Springer 或其他国际化出版商，以国际化、高质量的办刊理念为基础，增强我国科研人员运用英文写作的能力，提升我国开放存取出版模式的品牌形象。

（4）加强我国开放存取资源质量控制措施。建立快速高效的同行评审系统，严格我国开放存取期刊质量控制机制，提高开放存取资源的认可程度与学术影响力。

四 以数字科技为基础，完善我国网络基础设施建设

随着科学技术的迅猛发展，学者进行学术研究的行为方式发生了改变，网络逐渐成为人们从事科研活动的基础设施。

（1）以国际先进的网络通信技术为基点，为我国公众提供更优质、更快速、更安全的互联网络，促进我国公众对学术信息的获取度与可信度。

（2）从国家信息资源战略角度出发，高度重视开放存取平台的建设，考虑从用户的心理需求出发，建立双向互动、及时反馈的信息交互模式。

（3）加速开放存取期刊网站建设，使开放存取期刊网站页面设

计规范化、网站功能多样化、网站资源可靠化、网站系统稳定化，吸引更多公众的关注。

五 多途径提供开放存取资金，多渠道保障开放存取经费

经费问题是制约开放存取能否实现的一个"瓶颈"，为促进开放存取运动在中国的蓬勃发展，解决我国学者普遍面临经费不足的困难，我国需要通过多种渠道来为开放存取相关预算提供充裕的经费支持。

（1）争取国际上支持开放存取出版费用的组织资助，如英国惠康基金会已经开始为选择开放存取发表模式的学者提供出版费的资助，为作者提供研究资金取得了一定的效果。

（2）以政府资助基金项目的方式提供经费。国家相关部门设立专项资金用来支持开放存取模式，使学者不必再为开放存取期刊的作者付费方式而担忧。

（3）加入发展中国家开放存取的项目平台。以发展中国家身份授予机构会员资格，避免我国科研人员在经济问题上的阻碍，在一定程度上解决开放存取期刊的相关费用问题。

第八章　研究结论与展望

第一节　研究结论

　　为探索作为新兴学术交流模式的开放存取期刊学术价值及其长远发展能力，本书从五个主要方面研究开放存取期刊的基本生存能力，即开放存取期刊的学术影响力。一是通过文献调研梳理了国内外开放存取期刊学术影响力研究现状，界定了开放存取期刊学术影响力相关概念及内涵；二是通过分析开放存取期刊的特征及组成要素，分析了开放存取期刊学术影响力的关键影响因素；三是构建了开放存取期刊学术影响力概念模型；四是运用结构方程方法对开放存取期刊学术影响力模型进行实证研究与拟合检验；五是将国内外发展较好的开放存取期刊进行对比研究，分析我国存在的发展"瓶颈"，明确了提升我国开放存取期刊学术影响力的相关途径。

　　本书的研究结论如下：

　　（1）通过对国内外关于开放存取学术资源的理论研究与框架的梳理，发现我国关于开放存取资源的研究停留在较浅的理论层面，缺乏有突破性的成果，不利于探索开放存取资源影响力的关键要素所在，难以促进我国开放存取学术资源的快速发展。

　　（2）通过系统分析开放存取期刊学术影响力的作用机理，分析影响开放存取期刊学术影响力的主要因素有：开放存取期刊作者影响力、开放存取期刊读者影响力、开放存取期刊机构影响力、开放存取期刊网站影响力、开放存取期刊自身影响力、开放存取期刊论文影响力和开放存取期刊的网络影响力。相关学者曾以调查问卷的方式，调查了影响科研人员在开放存取期刊上发表文章的因素，结论与本书研究的结果大致相似，说明本书研究的因素具有一定的代表性。

（3）通过运用结构方程方法对开放存取期刊学术影响力的概念模型进行拟合验证，提出研究假设均成立，从而构建了以学术交流过程为理论支撑的开放存取期刊学术影响力逻辑模型。

（4）通过构建开放存取期刊学术影响力评价指标体系，对比国内外几种典型开放存取期刊的学术影响力的综合指数值，发现我国开放存取期刊学术影响力在开放存取期刊作者合作度、开放存取期刊机构声望、开放存取期刊编委构成、开放存取论文图标数量及开放存取期刊网络链接等方面与国外的差异较大，因此，我国应借鉴国外成熟的发展经验，调整开放存取政策、重视开放存取实践、开展开放存取基金支持，不断提升我国开放存取资源的学术影响力与资源价值。

本书在研究设计上力求符合科学的原则，但是，由于受研究时间、研究样本等因素的影响，使本书仍存在未臻完善之处，不足之处将在以后的研究中逐渐改进。

第二节　研究展望

针对相关主题的研究将从以下两个方面进一步深入探讨，也是对未来后续研究的展望。

第一，国内的开放存取理论研究与实践都发生了积极的变化，给未来开放存取学术资源的研究带来了一定的空间，尝试探索不同发展阶段中，国内开放存取期刊学术影响力的实证模型，并进一步研究该模型的通用性，随着时间与空间的变化，不断进行必要的修正。

第二，采用应用研究与实证研究方法，系统地研究各个学科之间开放存取期刊学术影响力的关键因素是否存在差异，未来针对某一学科领域的开放存取资源进行学术影响力模型构建，更具有可操作性。

总之，开放存取资源有可能成为未来发展的趋势，相关主题的研究具有一定的前瞻性与复杂性，需要通过深入的理论研究与系统的实践工作，才能不断发展并完善以开放存取为学术交流模式所给予的学术影响力与学术价值。理论与实践并重，充分结合我国开放存取的实践情况，在不同发展阶段提出相应的提升途径，为指导我国学术资源交流与共享做出积极的贡献。

参考文献

1. 曹兴、邬陈锋、刘芳：《网络科技论文学术影响力及其测度分析》，《科学决策》2005年第5期。
2. 曾庆霞：《开放存取研究对学术交流系统的影响》，《中华医学图书情报杂志》2012年第2期。
3. 查颖：《利用H指数对OA期刊BMC Bioinformatics和传统期刊Bioinformatics的对比分析》，《现代情报》2008年第6期。
4. 陈代春、曾湘琼：《学术信息开放存取及其对高校图书馆的影响》，《图书馆学研究》2006年第6期。
5. 陈静、孙继林：《学术期刊开放存取出版定量研究探析》，《中国图书馆学报》2011年第6期。
6. 陈铭：《开放存取期刊评价模型构建》，《图书情报工作》2010年第14期。
7. 陈星：《开放存取模式对高校版权制度的影响分析》，博士学位论文，华中科技大学，2010年。
8. 陈吟月：《学术资源开放存取的策略研究》，《图书馆》2007年第1期。
9. 邓李君：《基于引文分析的开放存取期刊研究》，《现代情报》2010年第4期。
10. 邓颖：《高校学报走开放存取出版模式的可行性研究》，《绍兴文理学院学报》2006年第3期。
11. 董文鸳、陈清文：《图情领域开放存取期刊学术影响力评价》，《图书馆建设》2009年第5期。

12. 董文鸳:《机构库影响下的图书馆》,《情报资料工作》2006 年第 5 期。
13. 段玉思:《国外学术期刊的商业化出版研究》,《图书与情报》2007 年第 4 期。
14. 范贤容、韩欢:《论开放存取期刊的知识产权保护》,《图书与情报》2009 年第 6 期。
15. 冯蓓、许洁:《我国开放存取期刊平台的发展思路与对策》,《中国科技期刊研究》2010 年第 4 期。
16. 傅蓉:《开放存取的质量控制》,《情报理论与实践》2006 年第 6 期。
17. 傅蓉:《开放存取期刊的经济机制》,《中国图书馆学报》2006 年第 5 期。
18. 韩红艳、李凤学:《OA 期刊的出版模式及策略研究》,《长春理工大学学报》2009 年第 9 期。
19. 韩欢、胡德华:《开放存取期刊的质量控制机制研究》,《情报杂志》2009 年第 7 期。
20. 韩鹏鸣:《基于特征因子的开放存取期刊学术影响力评价研究》,《图书馆工作与研究》2012 年第 8 期。
21. 何燕、宁劲:《开放存取影响下的图书馆》,《大学图书情报学刊》2007 年第 6 期。
22. 贺晶晶、刘钊:《我国开放存取政策探讨》,《高校图书馆工作》2007 年第 1 期。
23. 胡德华、常小婉:《开放存取期刊论文质量和影响力的评价研究》,《图书情报工作》2008 年第 2 期。
24. 黄如花、冯晴:《论学科库的建设》,《图书馆论坛》2007 年第 6 期。
25. 黄如花、杨雨霖、唐年璐:《生物学开放存取资源的影响力调查与分析》,《图书与情报》2009 年第 5 期。
26. 黄颖:《开放获取期刊现状及其学术影响力评价研究》,硕士学位论文，东北师范大学，2009 年。
27. 蒋玲：《开放存取模式下图书馆发展对策研究》，硕士学位论文，辽宁师范大学，2007 年。
28. 蒋永福：《开放存取出版：概念、模式、影响与前景》，《科学学研究》2007 年第 2 期。
29. 金伟：《探索提高期刊质量的新途径——组建特约编委会》，《中国科技期刊研究》2000 年第 5 期。
30. 金勇、张文敏：《网络科技论文质量评价研究》，《现代商业公报》2009 年第 2 期。
31. 孔繁军、游苏宁：《关于开放存取出版模式的问卷调查》，《中国科技期刊研究》2005 年第 5 期。
32. 李春明：《图书馆与开放存取资源之长期保存》，《图书馆建设》2007 年第 4 期。
33. 李春旺：《网络环境下学术信息的开放存取》，《中国图书馆学报》2005 年第 1 期。
34. 李贺、周金娉、李春好：《我国网络发表科技论文的学术影响力评价研究》，《情报理论与实践》2012 年第 2 期。
35. 李红春：《开放存取与图书馆发展对策研究》，《甘肃科技》2008 年第 3 期。
36. 李江：《链接分析工具研究》，硕士学位论文，武汉大学，2007 年。
37. 李敬平：《开放存取运动在国内高校发展的新趋势》，《图书馆论坛》2006 年第 6 期。
38. 李丽、张成昱：《开放文档先导及其对学术期刊数字化传播方式的影响》，《编辑学报》2004 年第 1 期。
39. 李莉：《开放存取与图书馆》，《现代情报》2006 年第 7 期。
40. 李勤：《提供学术期刊影响因子的途径》，《今传媒》2007 年第 9 期。
41. 李武、刘兹恒：《一种全新的学术出版模式：开放存取出版模式探析》,《中国图书馆学报》2004 年第 6 期。
42. 林敏：《试论开放存取对图书馆的影响和对策》,《图书情报工作》2005 年第 12 期。
43. 刘畅：《开放存取期刊的影响力分析》,《图书情报工作》2008 年第 12 期。
44. 刘丹：《开放存取资源采集问题研究》,《高校图书情报论坛》2009 年第 2 期。
45. 刘桂芳：《开放存取实现途径及其影响研究》,硕士学位论文,四川大学,2006 年。
46. 刘国亮、王东、王勇：《基于项目管理视角的科技论文网络发表学术质量控制研究》,《情报杂志》2008 年第 5 期。
47. 刘海霞、方平、胡德华：《开放存取期刊的质量评价研究》,《图书馆杂志》2006 年第 6 期。
48. 刘辉：《开放获取期刊数据库的评价》,《大学图书馆学报》2007 年第 1 期。
49. 刘建华、黄清水：《国内用户对开放存取的认同度研究》,《中国图书馆学报》2007 年第 2 期。
50. 刘俊：《从知识产权法角度看科技期刊开放存取出版》,硕士学位论文,北京大学,2008 年。
51. 刘文勇：《"中国科技论文在线"传播特点及发展策略研究》,硕士学位论文,河北大学,2011 年。
52. 刘远翔、陈玲庆、罗菊花：《网络信息计量学在数字图书馆建设中的应用》,《情报杂志》2003 年第 11 期。
53. 路世玲：《开放存取期刊的学术影响力研究》,硕士学位论文,郑州大学,2010 年。
54. 马海群、王英：《开放存取期刊中的版权问题分析及解决策略》,《国家图书馆学刊》2010 年第 2 期。
55. 马景娣：《社会科学开放访问期刊及其学术影响力研究》,《情报资料工作》2005 年第 2 期。

56. 牛昱昕、宗乾进、袁勤俭：《开放存取论文下载与引用情况计量研究》，《中国图书馆学报》2012 年第 7 期。
57. 潘琳：《开放存取期刊的来源、分布与质量分析研究》，《山东图书馆季刊》2006 年第 2 期。
58. 庞景安：《中文科技期刊下载计量指标与引用计量指标的比较研究》，《情报理论与实践》2006 年第 1 期。
59. 钱建立、毛善锋：《开放存取对期刊影响力绩效研究综述》，《数字图书馆论坛》2009 年第 11 期。
60. 乔冬梅：《国外学术交流开放存取发展综述》，《图书情报工作》2004 年第 11 期。
61. 秦金聚：《纯网络电子期刊质量评价研究》，《情报探索》2007 年第 8 期。
62. 秦珂：《开放存取出版的若干问题及发展对策分析》，《出版科学》2006 年第 3 期。
63. 秦珂：《开放存取期刊的出版模式透视》，《编辑之友》2006 年第 3 期。
64. 秦珂：《试论开放存取对图书馆的挑战与对策》，《图书馆学研究》2006 年第 8 期。
65. 邱均平、安璐：《基于印刷版与电子版的学术期刊综合评价研究》，《情报理论与实践》2004 年第 2 期。
66. 邱均平、陶雯：《国内外开放存取期刊质量研究现状探析》，《情报杂志》2009 年第 2 期。
67. 邱燕燕：《学术资源开放存取的障碍和对策分析》，《情报杂志》2006 年第 7 期。
68. 任胜利：《特征因子（Eigenfactor）：基于引证网络分析期刊和论文的重要性》，《中国科技期刊研究》2009 年第 3 期。
69. 石雪梅：《开放存取模式下高校学报之发展》，《莆田学院学报》2011 年第 4 期。
70. 苏振华、杨振和：《OA 期刊资源发展的现状分析》，《经济研究导刊》2010 年第 12 期。

71. 孙红娣：《论开放存取中的数字资源长期保存问题》，《图书馆学研究》2005 年第 11 期。
72. 孙希波：《开放存取对学术交流系统的影响》，《现代情报》2009 年第 10 期。
73. 唐泽霜：《浅析 OA（开放存取）环境下的图书馆》，《高校图书馆工作》2007 年第 3 期。
74. 陶雯、胡德华、曲艳吉、王敏：《开放存取期刊质量评价方法研究》，《图书情报工作》2006 年第 10 期。
75. 田丽、谢新洲：《网络科技论文质量评价研究》，《北京联合大学学报》2009 年第 3 期。
76. 田丽：《科技论文网络发表的缘起、影响与瓶颈》，《出版科学》2009 年第 3 期。
77. 万锦堃、花平寰、孙秀坤：《期刊论文被引用及其 Web 全文下载的文献计量分析》，《现代图书情报技术》2005 年第 4 期。
78. 万丽娟、刘丹丹：《国外实现开放存取可持续发展的举措》，《图书馆学研究》2011 年第 8 期。
79. 王靖、翁淳光、肖廷超：《专业 OA 期刊的影响力分析》，《科技管理研究》2010 年第 4 期。
80. 王静：《Open Access 学术期刊传播障碍及对策研究》，硕士学位论文，大连理工大学，2009 年。
81. 王学勤、韩仰东：《开放访问期刊学术影响力的分析与评价》，《现代情报》2006 年第 8 期。
82. 王应宽：《中国科技界对开放存取期刊认知度与认可度调查分析》，《中国科技期刊研究》2008 年第 5 期。
83. 王云才：《国内外"开放存取"研究综述》，《图书情报知识》2005 年第 12 期。
84. 王云娣：《MEDLINE 数据库收录的开放存取期刊研究》，《中国科技期刊研究》2008 年第 2 期。

85. 王志华：《初探开放存取及其给图书馆带来的影响》，《四川图书馆学报》2006 年第 5 期。
86. 文奕、杨宁：《开放存取期刊与 Elsevier H 指数对比实证研究》，《情报杂志》2010 年第 4 期。
87. 谢新洲、万猛、柯贤能：《网络期刊的发展及其评价研究》，《出版科学》2009 年第 1 期。
88. 徐丽芳、方卿：《基于出版流程的开放存取期刊学术质量控制》，《出版科学》2011 年第 6 期。
89. 严真：《开放存取期刊质量评价方法与相关问题思考》，《图书馆工作与研究》2011 年第 2 期。
90. 阎雅娜、聂兰渤：《利用网络版乌利希期刊指南分析 OA 期刊》，《现代情报》2007 年第 10 期。
91. 杨学春：《开放存取的理论基础——兼论许可协议》，硕士学位论文，华东师范大学，2008 年。
92. 杨颖：《高校教师网络发表学术论文的学术影响力评价研究》，硕士学位论文，哈尔滨工程大学，2011 年。
93. 于爱群：《学术期刊开放存取出版及其我国发展策略研究》，硕士学位论文，华东师范大学，2008 年。
94. 余望：《OA 期刊与传统学术期刊的比较及我国发展 OA 期刊应注意的问题》，《中国编辑》2007 年第 6 期。
95. 袁顺波、华薇娜：《基于引文与网络链接的开放存取期刊学术影响力评价》，《大学图书馆学报》2010 年第 6 期。
96. 翟建雄：《开放存取知识库版权政策概述》，《国家图书馆学刊》2007 年第 2 期。
97. 张帆：《我国管理学期刊开放存取现状及认知态度调研》，硕士学位论文，大连理工大学，2011 年。
98. 张红芹、黄水清：《OA 期刊质量评价指标体系初探》，《情报杂志》2007 年第 3 期。
99. 张红芹、黄水清：《开放存取期刊质量评价的指标体系构建与评价实践——以化学类期刊为例》，《情报理论与实践》2008年第3期。
100. 张积玉：《学术期刊影响力及其评价指标体系的构建》，《陕西师范大学学报》（哲学社会科学版）2010年第5期。
101. 张建军：《面向网络发表科技论文的作者投稿心理调查与分析》，《上海管理科学》2010年第2期。
102. 张靖、黄国彬：《开放存取的利益模式及其版权问题研究》，《图书馆理论与实践》2011年第7期。
103. 张淼：《OA环境下学术图书馆发展研究》，硕士学位论文，河北大学，2006年。
104. 张文敏：《网络科技论文的质量控制研究》，硕士学位论文，湖北工业大学，2009年。
105. 张小莉：《论开放存取及其社会影响》，硕士学位论文，南京理工大学，2008年。
106. 张艳彩：《开放存取与现代图书馆发展》，《漯河职业技术学院学报》2008年第4期。
107. 赵禁：《学术信息开放存取与图书馆服务》，《图书馆学研究》2006年第4期。
108. 赵清霞：《开放存取期刊质量评价的相关问题思考》，《教育教学论坛》2012年第3期。
109. 赵蓉英、罗艳玲：《科技论文网络发表的科研管理与评价机制研究》，《重庆大学学报》2009年第3期。
110. 赵铁汉、黄颖：《开放存取期刊学术影响力评价研究》，《情报科学》2011年第6期。
111. 赵研科：《开放存取与数字图书馆信息资源共享》，《图书馆》2009年第5期。
112. 郑垦荒：《开放存取面临的主要问题及图书馆的应对策略》，《情报理论与实践》2006年第3期。
113. 种艳秋、颜建华、王敏：《医学期刊网站的链接分析法研究》，

《医学信息》2009 年第 9 期。

114. 周安刚：《我国 OA 期刊发展现存问题与对策浅论》，《湖南环境生物职业技术学院学报》2010 年第 3 期。

115. 周金娉：《我国网络发表科技论文学术影响力研究》，硕士学位论文，吉林大学，2010 年。

116. Adair, J. G. and Vohra, N., "The Explosion of Knowledge, References, and Citations: Psychology's Unique Response to a Crisis", *American Psychologist*, No. 58, 2003, pp. 15 – 23.

117. Akre, O., Barone – Adesi, F., Pettersson, A., Pearce, N., Merletti, F. and Richiardi, L, "Differences in Citation Rates by Country of origin for Papers Published in Top – Ranked Medical Journals", *Journal of Epidemiology and Community Health*, 2009.

118. Antelman, K., "Do Open – Access Articles Have a Greater Research Impact", *College & Research Libraries*, Vol. 65, No. 5, 2004, pp. 372 – 382.

119. Araqudiqe, N., Kevin, C. A., "Database Coverage and Impact Factor of Open Access Journals in Pharmacy", *Journal of Electronic Resources in Medical Libraries*, Vol. 6, No. 2, 2009, pp. 138 – 145.

120. Baldi, S., "Normative versus Social Constructivist Processes in the Allocation of Citations: A Network – Analytic Model", *American Sociological Review*, Vol. 63, 1998, pp. 829 – 846.

121. Björk, B. C., "Open Access to Scientific Publications – an Analysis of the Barriers to Change", *Information Research*, Vol. 9, No. 2, 2004, pp. 170 – 191.

122. Björk, B. – C., Welling, P., Laakso, M., Majlender, P., Hedlund, T. et al., "Open Access to the Scientific Journal Literature: Situation 2009", *PLoS One*, Vol. 6, No. 5, 2010, p. e11273.

123. Bohlin, I., "Communication Regimes in Competition: The Current Transition in Scholarly Communication Seen through the Lens of the So-

ciology of Technology", *Social Studies of Science*, No. 3, 2004, pp. 365 – 391.

124. Bollen, J., Van de Sompel, H., Hagberg, A. and Chute, R. A., "Principal Component Analysis of 39 Scientific Impact Measures", *PLoS ONE*, Vol. 4, No. 6, 2009, p. 6022.

125. Borgman, C. L., "Digital Libraries and the Continuum of Scholarly Communication", *Journal of Documentation*, Vol. 56, No. 4, 2000, pp. 412 – 430.

126. Bornmann, L. and Daniel, L – D., "What do Citation Counts Measure? A Review of Studies on Citing Behavior", *Journal of Documentation*, Vol. 64, No. 1, 2008, pp. 45 – 80.

127. Brody, T., Harnad, S. and Carr, L., "Earlier Web Usage Statistics as Predictors of Later Citation Impact", *Journal of the American Society for Information Science and Technology*, No. 57, 2006, pp. 1060 – 1072.

128. Bryna Coonin and Leigh M. Younce, "Publishing in Open Access Education Journals: The Authors' Perspectives", *Behavioral and Social Sciences Librarian*, Vol. 29, No. 2, 2010, pp. 118 – 132.

129. Callaham, M., Wears, R. L. and Weber, E., "Journal Prestige, Publication Bias, and Other Characteristics Associated With Citation of Published Studies in Peer – Reviewed Journals", *JAMA*, No. 287, 2002, pp. 2847 – 2850.

130. Calver, M. C. and Bradley, J. S., "Patterns of Citations of Open Access and Non – Open Access Conservation Biology Journal Papers and Book Chapters", *Conservation Biology*, Vol. 24, No. 6, 2010, pp. 872 – 880.

131. Conen, D., Torres, J. and Ridker, P. M., "Differential Citation Rates of Major Cardiovascular Clinical Trials According to Source of Funding: A Survey From 2000 to 2005", *Circulation*, No. 118,

2008, pp. 1321 – 1327.

132. Cozzarelli, N. R. , Fulton, K. R. and Sullenberger, D. M. , "Results of a PNAS Author Survey on an Open Access Option for Publication", *Proceedings of the National Academy of Sciences*, No. 101, 2004, p. 1111.

133. Davis, P. M. , "Author – Choice Open Access Publishing in the Biological and Medical Literature: A Citation Analysis", *Journal of the American Society for Information Science and Technology*, Vol. 60, No. 1, 2009, pp. 3 – 8.

134. Davis, P. M. and Fromerth, M. J. , "Does the ArXiv Lead to Higher Citations and Reduced Publisher Downloads for Mathematics Articles", *Scientometrics*, Vol. 71, No. 6, 2007, pp. 203 – 215.

135. Davis, P. M. , Lewenstein, B. V. , Simon, D. H. , Booth, J. G. and Connolly, M. J. L. , "Open Access Publishing, Article Downloads and Citations: Randomised Trial", *BMJ*, Vol. 337, No. 7, 2008, p. a568.

136. Douglas, R. J. , "How to Write a Highly Cited Article Without Even trying", *Psychological Bulletin*, No. 112, 1992, pp. 405 – 408.

137. Duff, A. S. , "Some Post – War Models of the Information Chain", *Journal of Librarianship and Lnformation Science*, Vol. 29, No. 4, 1997, pp. 179 – 187.

138. Evans, J. A. and Reimer, J. , "Open Access and Global Participation in Science", *Science*, Vol. 323, No. 2, 2009, p. 1025.

139. Falagas, M. E. and Kavvadia, P. , " 'Eigenlob': Self – Citation in Biomedical journals", *FASEB J*, No. 20, 2006, pp. 1039 – 1042.

140. FERBER, M. A. , "Citations: Are they an Objective Measure of Scholarly Merit?", *Signs*, No. 11, 1986, pp. 381 – 389.

141. Frandsen, T. F. , "Attracted to Open Access Journals: A Bibliometric Author Analysis in the Field of Biology", *Journal of Documenta-*

tion, Vol. 65, No. 1, 2009, pp. 58 – 82.

142. Garvey, W. D. and Griffith, B. C., "Scientific Communication as a Social System", *Science*, Vol. 157, No. 3, 1967, 1011 – 1015.

143. Garvey, W. D. and Griffith, B. C., *An Overview of the Structure, Objectives, and Findings of the American Psychological Association's Project on Scientific Information Exchange in Psychology*, Washington, DC: American Psychological Association, 1963.

144. Garvey, W. D., *Communication: the Essence of Science*, Oxford: Pergamon Press, 1979.

145. Gaulé, P., "Access to Scientific Literature in India", *Journal of the American Society for Information Science and Technology*, Vol. 12, No. 10, 2009, pp. 2548 – 2553.

146. Godlee, F., "Open access to Research", *BMJ*, Vol. 337, 2008, p. a1051.

147. Greenwald, A. S., Shuh, E. S., "An Ethnic Bias in Scientific Citations", *European Journal of Social Psychology*, No. 24, 1994, pp. 623 – 639.

148. Harnad, S., Carr, L., "Integrating, Navigating and Analyzing Open E – print Archives Through Open Citation Linking", *Current Science*, No. 79, 2000, pp. 629 – 638.

149. Harter, S. and Ford, C., "Web – based Analysis of E – Journal Impact: Approaches, Problems, and Issues", *Journal of the American Society for Information Science*, Vol. 51, No. 13, 2000, pp. 1159 – 1176.

150. Hawkins, D. T., "Bibliometrics of Electronic Journals in Information Science", *Information Research*, Vol. 7, No. 1, 2001.

151. Helmreich, R. L., Spence, J. T., Beane, W. E., Lucker, G. W., Matthews, K. A., "Making it in Academic Psychology: Demographic and Personality Correlates of Attainment", *Journal of*

Personality and Social Psychology, No. 39, 1980, pp. 896 – 908.
152. Hudson, J., "Be Known by the Company you Keep: Citations – Quality or Chance?", *Scientometrics*, No. 71, 2007, pp. 231 – 238.
153. Hurd, J. M., "Scientific Communication: New Roles and New Players", *Science and Technology Libraries*, No. 25, 2005, pp. 5 – 22.
154. Jill Russell, Tracy Kent, "Paved with Gold: an Institutional Case Study on Supporting Open Access Publishing", *The Journal for the Serials Community*, Vol. 23, No. 7, 2010, pp. 97 – 102.
155. Kajberg, L., "A Citation Analysis of LIS Serial Literature Published in Denmark 1957 – 1986", *Journal of Documentation*, Vol. 52, No. 1, 1996, pp. 69 – 85.
156. Kiernan, V., "Diffusion of News About Research", *Science Communication*, No. 25, 2003, pp. 3 – 13.
157. Kirsop, B. and Chan, L., "Transforming Access to Research literature for Developing Countries", *Serials Review*, Vol. 31, No. 4, 2005, pp. 246 – 255.
158. Kling, R., "The Internet and Unrefereed Scholarly Publishing", *Annual Review of Information Science and Technology*, No. 38, 2004, pp. 591 – 631.
159. Knorr Cetina, K. D., *Laboratory Studies: The Cultural Approach to the Study of Science*, Technology and Society, Los Angeles: Sage, 1995.
160. Kortelainen, T., "Studying the International Diffusion of a National Scientific Journal", *Scientometrics*, Vol. 51, No. 1, 2001, pp. 133 – 146.
161. Kostoff, R. N., "The Difference Between Highly and Poorly Cited medical Articles in the Journal Lancet", *Scientometrics*, No. 72, 2007, pp. 513 – 520.

162. Kousha, K. and Thelwall, M., "Motivations for URL Citations to Open Access library and Information Science Articles", *Scientometrics*, Vol. 68, No. 3, 2006, pp. 501 – 507.

163. Kulkarni, A. V., Busse, J. W. and Shams, I., "Characteristics Associated with Citation Rate of the Medical Literature", *PLoS ONE*, No. 2, 2007, p. e403.

164. Lansingh, V. C. and Carter, M. J., "Does Open Access in Ophthalmology Affect How Articles are Subsequently Cited in Research?", *Ophthalmology*, Vol. 116, No. 8, 2009, pp. 1425 – 1431.

165. Lawrence S., "Free Online Availability Substantially Increase Paper's Impact", *Nature*, Vol. 31, No. 5, 2001, pp. 521 – 522.

166. Lewison, G. and Hartley, J., "What's in a title? Numbers of Words and the Presence of Colons", *Scientometrics*, No. 63, 2005, pp. 341 – 356.

167. Lindsey, D., "Assessing Precision in the Manuscript Review Process: A little Better Than a Dice Roll", *Scientometrics*, No. 14, 1988, pp. 75 – 82.

168. Mackenzie, Owen J., "The New Dissemination of Knowledge: Digital libraries and Institutional Roles in Scholarly Publishing", *Journal of Economic Methodology*, Vol. 9, No. 3, 2002, pp. 275 – 288.

169. MacRoberts, M. H. and MacRoberts, B. R., "Problems of Citation Analysis", *Scientometrics*, 1996, Vol. 36, No. 3, pp. 435 – 444.

170. Matthew., "New Indicators for Gender Studies in Web Networks", *Information Processing and Management*, Vol. 41, No. 6, 2005, pp. 1481 – 149.

171. McCabe, M. J., "Journal Pricing and Mergers: A Portfolio Approach", *American Economic Review*, No. 92, 2002, pp. 259 – 269.

172. Metcalfe, T. S., "The Citation Impact of Digital Preprint Archives for Solar Physics Papers", *Solar Physics*, Vol. 239, 2006, pp. 549 – 553.

173. Moed, H. F. , "The Effect of 'Open Access' Upon Citation Impact: An Analysis of ArXiv's Condensed Matter Section", *Journal of the American Society for Information Science and Technology*, Vol. 58, No. 10, 2007, pp. 2047 – 2054.

174. Mukherjee, B. , "Do Open – Access Journals in Library and Information Science Have Any Scholarly Impact? A Bibliometric Study of Selected Open – Access Journals Using Google Scholar", *Journal of the American Society for Information Science and Technology*, Vol. 60, No. 3, 2009, pp. 581 – 594.

175. Nicholas, D. , Huntington, P. and Jamali, H. R. , "Open Access in Context: A User Study", *Journal of Documentation*, Vol. 63, No. 6, 2007, pp. 853 – 78.

176. Nicholas, D. , Huntington, P. and Rowlands, I. , "Open Access Publishing: The Views of Some of The World's Senior Authors", *Journal of Documentation*, Vol. 61, No. 4, 2005, pp. 497 – 519.

177. Nicolaisen, J. and Frandsen, T. F. , "The Handicap Principle: A new Perspective for LIS Research", Proceedings of the 6th International Conference on Conceptions of Library and Information Science, 2007, pp. 119 – 130.

178. Norris, M. , Oppenheim, C. and Rowland, F. , "The Citation Advantage of Open – Access Articles", *Journal of the American Society for Information Science and Technology*, Vol. 59, No. 10, 2008, pp. 1963 – 1972.

179. Peter Ingwersen, "The Caculation of Web Impact Factors", *Journal of Documentation*, No. 2, 1998, pp. 236 – 243.

180. Papin – Ramcharan, J. and Dawe, R. A. , "The Other Side of The Coin for Open Access Publishing – A Developing Country View", *Libri*, Vol. 56, No. 1, 2006, pp. 16 – 27.

181. Patsopoulos, N. A. , Analatos, A. A. and Ioannidis, J. P. A. ,

"Relative Citation Impact of Various Study Designs in the Health Sciences", *JAMA*, No. 293, 2005, pp. 2362 – 2366.

182. Perneger, T. V., "Relation Between Online 'Hit Counts' and Subsequent Citations: Prospective Study of Research Papers in the BMJ", *BMJ*, No. 329, 2004, pp. 546 – 547.

183. Petty, R. E., Fleming, M. A., Fabrigar, L. R., "The Review Process at PSPB: Correlates of Interreviewer Agreement and Manuscript Acceptance", *Personality and Social Psychology Bulletin*, No. 25, 1999, pp. 188 – 203.

184. Piwowar, H. A., Day, R. S. and Fridsma, D. B., "Sharing Detailed Research Data Is Associated With Increased Citation Rate", *PLoS One*, 2007, No. 2, p. e308.

185. Quinones – vidal, E., Lopez – garcia, J. J., Penaranda – Ortega, M. and Tortose – gil, F., "The Nature of Social and Personality Psychology as Reflected in JPSP, 1965 – 2000", *Journal of Personality and Social Psychology*, No. 86, 2004, pp. 435 – 452.

186. Rowlands, I., Nicholas, D. and Huntington, P., "Journal PublisHing: What do Authors Want?", *Learned Publishing*, Vol. 17, No. 4, 2004, pp. 261 – 273.

187. Schroter, S. and Tite, L., "Open Access Publishing and Author – Pays Business Models: A Survey of Authors' Knowledge and Perceptions", *Journal of the Royal Society of Medicine*, No. 99, 2006, pp. 141 – 148.

188. Schroter, S., Tite, L. and Smith, R., "Perceptions of Open Access Publishing: Interviews With Journal Authors", *BMJ*, No. 3, 2005, p. 330.

189. Schwarz, G. J. and Kennicutt, R. C. J., "Demographic and Citation Trends in Astrophysical Journal papers and Preprints", *Bulletin of the American Astronomical Society*, No. 36 2004, pp. 1654 – 1663.

190. Shafi, S. M. , "Research Impact of Open Access Research Contributions Across Disciplines", Proceedings ELPUB 2008 Conference on Electronic, Toronto, No. 6, 2008, pp. 343 – 350.

191. Smart, J. C. , Bayer, A. E. , "Author Collaboration and Impact: A Note on Citation Rates of Single and Multiple Authored Articles", *Scientometrics*, No. 10, 1986, pp. 297 – 305.

192. Smith, A. G. , "Citations and Links as a Measure of Effectiveness of Online LIS Journals", *IFLA Journal*, Vol. 31, No. 1, 2005, pp. 76 – 84.

193. Sotudeh, H. and Horri, A. , "The Citation Performance of Open Access Journals: A Disciplinary Investigation of Citation Distribution Models", *Journal of the American Society for Information Science and Technology*, Vol. 58, No. 13, 2007, pp. 2145 – 2156.

194. Stefanie Warlick and K. T. L. , "Vaughan Factors Influencing Publication Choice: Why Faculty Choose Open Access", *Biomedical Digital Libraries*, Vol. 4, No. 3, 2007, pp. 1 – 12.

195. Stewart, J. A. , "Achievement and Ascriptive Processes in the Recognition of Scientific Articles", *Social Forces*, No. 62, 1983, pp. 166 – 189.

196. Van Dalen, H. P. and Henkens, K. , "What Makes a Scientific Article Influential? The Case of Demographers", *Scientometrics*, No. 50, 2001, pp. 455 – 482.

197. Vaughan, L. and Shaw, D. , "Comparison of Citations From ISI, Google, and Google Scholar: Seeking Web Indicators of Impact", *Scientometrics*, Vol. 74, No. 2, 2008, pp. 317 – 330.

198. Wang, C. , "Electronic Publishing: Significant landmarks", *Encyclopedia of library and Information Science*, No. 2, 2003, pp. 1011 – 1015.

199. Willinsky, J. , *The Access Principle – the Case for Open Access to Research and Scholarship*, Massachusetts: The MIT Press, 2006.

后　记

　　本书是在我的博士学位论文《开放存取期刊学术影响力》基础上修改、整理而成的。

　　值本书出版之际，回忆我博士研究生学习期间的经历，百感交集，感慨良多。在吉林大学管理学院攻读博士学位期间，得到了很多老师的指导与帮助，回首往事，激起心中感慨万千。感谢我的导师李贺教授，她深厚的学术造诣、诲人不倦的高尚师德、精益求精的治学态度及高洁优雅的人格魅力，时时感染与影响着我，鼓舞了我在学术之路上前行。师恩浩荡，我将永远铭记于心。

　　匆匆数载，多彩的校园生活，让我获益匪浅。三年求学路途上所遇到的良师益友，是他们在我的成长过程中教会我做人的道理，是他们给了我宝贵的学术知识，为将来打下坚实的基础，是他们让我在学习中找到乐趣，从而喜欢上了学术研究。入学后，较早地跟随我的导师从事科研工作，从最初对学术的懵懂，到一次次挑战自我，收获了对学识的逐渐成长，不但丰富了自身的理论知识，拓宽了学术视野，提升了综合能力，也积累了一定的科研经验，使我逐渐热爱上这条学术之路。时光如逝，跟随导师求学的道路早已结束，我不仅在学业上有所收获，在生活上也学会了很多为人处世的道理。如今的我，也踏上了教书育人的工作岗位上，老师乐于奉献的精神一直影响着我，无形中激励着我不断前行。

　　在后期博士学位毕业论文撰写期间，无论从论文选题、成文，还是在论文的修改与完成阶段，都倾注了导师的大量心血，她深刻的见解、认真的批阅、耐心的指导都给予我莫大的帮助。同时，管理学院敬继鹏教授、张向先教授、毕强教授、徐宝祥教授、徐凯英教授、王萍教授、张海涛教授、黄薇教授等老师也对我的博士学位论文提出很多的宝贵意见，感谢攻读博士学位三年来所有传授我专业知识和给予我帮助的信息管理系的老师，他们的谆谆教导与无私的帮助使我对本专业有了深刻的认识和深厚的感情。

与此同时，我还要感谢我所有同届的同学，以及我同师门的师兄梁世敏、曲思伟、贺伟、毛刚，师姐关欣、刘佳、沈旺、胡泊，以及我的师弟师妹们，感谢他们在我的博士学位论文撰写过程中所给予我的无私帮助与关怀，正是因为他们让我在成长的过程中收获了巨大的精神财富。感谢我敬爱的家人和我亲爱的朋友，每当我需要鼓励的时候，他们总是在我身边与我一路同行。寥寥数语，难抒心头感慨；言辞凿凿，将过往铭记于心！在此，谨向所有帮助和关心我的人表示衷心的感谢！

本书得以顺利出版，要感谢吉林财经大学科研处的出版经费资助，感谢中国社会科学出版社卢小生主任的支持。

由于本人的学识水平有限，书中难免存在缺点和错误，欢迎大家批评指正。

周金娉

2018 年 9 月于长春